Que o
Nosso olhar
NÃO SE ACOSTUME ÀS
AUSÊNCIAS

Que o Nosso olhar NÃO SE ACOSTUME ÀS AUSÊNCIAS

WALESKA BARBOSA

Todos os direitos reservados © 2021

É proibida qualquer forma de reprodução, transmissão ou edição do conteúdo total ou parcial desta obra em sistemas impressos e/ou digitais, para uso público ou privado, por meios mecânicos, eletrônicos, fotocopiadoras, gravações de áudio e/ou vídeo ou qualquer outro tipo de mídia, com ou sem finalidade de lucro, sem a autorização expressa da editora.

Preparação e edição: Diego de Oxóssi e Rayanna Pereira.

Dados Internacionais de Catalogação na Publicação (CIP)

B238q	Barbosa, Waleska
	Que o nosso olhar não se acostume às ausências / Waleska Barbosa. - São Paulo : Arole Cultural, 2021.
	ISBN 978-65-86174-10-6
	1. Feminismo. 2. Feminismo negro. 3. Sororidade. 4. Racismo. 5. Misoginia. 5. Raça negra. 6. Ser mulher. I. Título.
	CDD 305.42
2021-644	CDU 369

Índice para catálogo sistemático:

1. Feminismo 305.42

2. Feminismo 396

Elaborado por Vagner Rodolfo da Silva - CRB-8/9410

PARA

Manoel.

Maria.

Morena.

Todas as mulheres. Pela resistência. Pelas descobertas — as que são/estão e as que hão de vir. Pela coragem. Por existirem.

Para Zé Nobre (ele sabe a razão).

E para todos do Quilombo dos Barbosa, por me dar régua e compasso. Amor. E auxílios luxuosos. Sempre.

AGRADECIMENTOS

A quem veio antes. Às pessoas negras escravizadas que nos deixaram como legado a sua história — de dores e forças infindas. Volto a falar nos meus pais, Manoel e Maria. Agradeço a existência da minha família. Quilombo dos Barbosa. E nomeio todos os meus irmãos, para (re)afirmar meu amor: Rui, Ricardo, Rômulo, Robson, Roberto, Renan, Raniere, Vânia, Valéria, Vitória e Viviane. Agradeço a todas que me contaram suas histórias. Agradeço pelo caminho percorrido, o que me levou a conseguir contar as minhas próprias histórias. A Mauro Siqueira, por ter criado o blog e, por um bom tempo, ter me cobrado diariamente os textos que o preencheriam. Aos amigos e amigas. A Fabio Cidrin, pelas escolhas que nos deram uma linda e amada filha, Morena. A todas as idas. Vindas. Descaminhos. Retornos. Eles também foram pavimento. Agradeço aos leitores e leitoras — que já existem e que chegarão.

PARTE II

Precisei dividir os agradecimentos. Este livro já foi outro sendo o mesmo. Ele nasceu como produção independente, filho de muitas mães. De muitas mãos. Pessoas que acreditaram nele quando ainda era ideia. Nasceu. Caminhou. Caminhamos. No Brasil e fora dele. Em espaços reais e, mais tarde, virtuais – por causa da pandemia por COVID-19. E foi participando da Feira de Livro de Frankfurt, na Alemanha, que conheci o editor Diego de Oxóssi. Passamos a nos falar, desde então. Outubro de 2019. E em setembro de 2020, Diego realizava um sonho meu. Receber o convite de uma editora para publicar a obra – não mais na instabilidade de um projeto solo e na exigência do desempenho de tantos papeis em uma só pessoa. Aqui estamos, portanto. Navegando. Em um barco que é o mesmo. Para nós. O amor pelas palavras. O desejo de que se espalhem. Cheguem. Sejam ancoradas. E lançadas. Mais uma vez. E sempre. Nos mares. Ventos. Navegares. Obrigada, Diego. Obrigada, Rayanna Pereira, Arole Cultural e toda a sua equipe. Vamos. Viver é preciso.

SUMÁRIO

APRESENTAÇÃO.. 11

PREFÁCIO.. 14

QUANDO MORRE UMA MULHER 17

TODOS OS DIAS SOFRO DE ANSIEDADES.......... 20

FERA LEOA FÊMEA MÃE ROSE 23

SOBRE O QUE NÃO SE DIZ. MAS É DITO............ 25

SOU A BABÁ DA MINHA FILHA 27

LÁGRIMA NÃO É ÁGUA 29

QUER VER A SORTE?.. 32

O SONHO... 34

COMBOIO DE CORDA.. 36

CONTRALUZ 39

FRUTA MADURA... 42

TRISTE HISTÓRIA DE UM BEIJO MANDADO.... 45

COINCIDÊNCIA.. 48

AMOR. LIVRO DE BOLSO................................... 50

ERA HUMANIDADE PURA.................................. 53

OUVINDO MAL-AMADA..................................... 56

SÃO O QUE SÃO 59

VIVIA DE ESPERAS... 61

ONDE O SAPATO APERTA................................... 64

SEM AMARRAS 67

O SUSTO... 70

LÁ VAI MARIA 73

TRÊS ANOS NÃO SÃO TRÊS DIAS.......................75

AQUELA MULHER 77

A ANTIBAILARINA.....................................80

DEIXEM EM PAZ NOSSAS VAGINAS 82

ROSA...84

O FEITO DE CHICA 86

UM PASSADO FELIZ DE MULHER..................88

SOBRE TUDO. SOBRETUDO 90

HOJE É DIA DA CONSCIÊNCIA, NEGRA 92

DIA DE FESTA...95

OLHOS EM FAÍSCA 98

FORÇA D'ÁGUA 101

A BARRA DA AURORA...............................105

O COLAR DE CORALINA............................108

O QUE OS OLHOS VEEM 111

SEMENTE POR DENTRO 114

TERIA SIDO ENGANADO?...........................117

SÍNTESE. ANTÍTESE..................................120

OLHO VIVO. CORAÇÁO ABERTO..................124

A MULHER E O MENINO............................127

FAZEI COM QUE PROCURE MAIS..................129

SINA DE CIGARRA 132

SEGUREM SEUS CARROS. MEU CORPO (NEGRO) ESTÁ
SOLTO 134

NEGÓCIO DE AMOR.................................137

POLTRONA DO PAPAI................................139

UM AMOR, POR FAVOR 142

EU PERCEBI QUE... 145

A MORADA DO BEM-DIZER........................148

ERA DIA DAS MÃES 151

ENGASGO............ 154

PALAVRA MAL DITA............ 157

QUE O NOSSO OLHAR NÃO SE ACOSTUME ÀS AUSÊNCIAS............ 159

DIANTE DA MINHA ALMA............ 162

AS SUPER-MARIAS............ 164

CANSEI DE SER DEFINITIVA 167

DIÁRIO DE UMA MADRUGADA............ 169

GUIADA PELAS NARINAS 172

AFETAR PELO AFETO 175

O SOM DA MINHA VOZ............ 177

O ENTENDIMENTO............ 180

A FALTA............ 183

TIREM SUAS MÃOS ASSASSINAS DO CAMINHO 185

DIA DESSES FALO COM A BOCA 188

POR QUE A FILA DOS HOMENS ANDA? 191

LÁ VEM A PELE PRETA............ 194

PASSARAM? OU NÃO PASSARÃO? 197

A MENINA SUPER-HEROÍNA 200

SE AINDA FALASSE DE AMOR............ 203

A CONQUISTA............ 205

DECLARAÇÃO............ 208

ÓDIO PANDÊMICO............ 210

RETRATO FALADO 213

APRESENTAÇÃO

"*Que voz potente. Que voz madura*". Foi o que pensei na tarde de 2018 na qual, pela primeira vez, entrei em contato com o texto de Waleska Barbosa. De sua boca, saíam as palavras, entoadas, ritmadas, certeiras, a descrição afetiva de um objeto que lhe trazia boas lembranças. Naquele momento, me chamou atenção a maestria com a sonoridade das frases, com o jogo vocabular, com o uso da pontuação. Quando acabou a leitura do exercício proposto à turma, me perguntei: "*quem é essa escritora maravilhosa? O que faz aqui?*", em um grupo onde eu tentava ajudar as pessoas a encontrarem suas vozes próprias, voz de escritora, voz de escritor. Waleska Barbosa já tinha a sua. Muito bem formada, transformada, reformada. Jamais, conformada.

Retirados do blog www.umpordiawb.com.br, no qual a autora publica diariamente desde 2017, os textos reunidos em Que nosso olhar não se acostume às ausências contêm a potência e a maturidade com as quais deparei ano passado. E tal coletânea traz mais. Convida-nos, como diz a última crônica, "*Declaração*", a "*adentrar em outras vidas. Aprender com elas. (...) Por outros olhos. Incorporar, sem perceber, tanto do que não é*" nosso. E traz ainda mais. Em muitos dos textos, Waleska Barbosa, cortante, incisiva, desenha talhos sobre o corpo da leitora, sobre o corpo do leitor. Com precisão cirúrgica. Como a dizer "*é aqui que dói. Aqui, ó. Nunca sentiu antes na pele? Sinta agora! Ou, pelo menos, tente imaginar como é*". Destaco o texto "*Hoje é dia da consciência, negra*". Virou vídeo. Em debates que fazemos sobre a obra literária Americanah, de Chimamanda Adichie, figura ao lado do poema, também declamado em vídeo, *Me gritaron negra* da poeta Victoria Santa Cruz.

No presente livro, Waleska Barbosa expõe o corpo como motivo para a dor. Como lugar onde a dor opera. Como invólucro de onde o espírito, por vezes, consegue se afastar para assistir àqueles que provocam a dor, mas ao qual logo volta, o espírito ao corpo, indissociáveis que são, "*tudo lhe doía. Não fosse na carne, na alma*", "*mas era sensível demais para não tatuar suas experiências em cada parte do corpo e da memória*". O corpo visível, ameaça quando parado ao lado do carro de luxo. O corpo invisível, da Waleska mãe, confundida com a babá.

E quantas outras invisibilidades são apresentadas nas próximas páginas.

Chica, plantando a muda de baobá, árvore metafórica sem a qual, talvez, nem houvesse este livro hoje. A mulher que lê, ou tenta ler, a sorte. Dona Maria de Lourdes. Rosa, onipresente. A moça estuprada pelo motorista do aplicativo. A menina, pelo padrasto vingativo. A antibailarina. Ceci. Aparecida, desaparecida. A mulher de pele escura, síntese, antítese. A moça assustada. A devota de Santo Antônio. A mulher, mãe solteira, "*moradora dos arredores, da periferia, do espaço à margem do centro do poder*". A pessoa que trabalha doze horas diárias. A mulher negra e sua solidão, no Dia da Consciência Negra. Dalvan e Cinaira. Titina e Zezinho. A cearense arretada. A avó Severina, rezando maus-olhados lá do Alto Branco, Campina Grande, Paraíba. A vítima de feminicídio. A vítima de feminicídio. A vítima de feminicídio. A vítima de feminicídio. As treze de nós mortas por dia no Brasil.

Personagens historicamente invisibilizadas, sobre as quais Waleska Barbosa joga luz. Às quais dá a luz. Por meio das quais traz si mesma à luz.

Djamila Ribeiro, em *O que é lugar de fala?*, explica o quanto "*é necessário escutar por parte de quem sempre foi autorizado a falar*". Waleska Barbosa, dialogando com a filósofa brasileira, trazendo as vozes do feminismo, do feminismo negro, para a literatura, nos demanda escuta. E, ao longo dos textos reunidos neste livro, grita, fala ou sussurra. Clama. Para "*que o nosso olhar não se acostume (jamais) às ausências*".

Leila de Souza Teixeira

Escritora, coordena turmas de criação literária desde 2013. Tem contos publicados em antologias no Brasil, nos Estados Unidos e no Egito. Seu livro Em que coincidentemente se reincide (Dublinense, 2012) foi finalista do Prêmio APCA Categoria Livro de Contos.

PREFÁCIO

Este livro me chegou um dia, com mais de 70 crônicas, pleno de presença. Inteiro, firme, como aparição, como companhia, como existência, essa que não se cala nunca, diz porque existe, aparece sem falsas aparências, ao contrário, as escrutina, ri da cara delas, e se apresenta inteira.

Foi então que comecei a lê-lo. "*Quando morre uma mulher, morremos todas junto, juntas*". Feminicídio vinha, de cara, nas primeiras páginas e me dava um soco no estômago. Impossível escrever esse prefácio e não lembrar, com arrepio, de Marielle Franco. De como morremos com ela, mulher negra que defendia os direitos humanos, sobretudo nas periferias do Rio de Janeiro, brutalmente assassinada pelo Estado masculino militarizado. De como todos os dias levantamos pensando desejando rogando às deusas "*nenhuma a menos*". Uma voz das nossas que, aqui sobreposta, diz de nós. Uma voz que teima em se emudecer diante da insegurança de ser alvo da morte.

Viva, a voz, muito viva, quando estamos a ler podemos ver a veia pulando do cangote de Waleska Barbosa. No diálogo insubmisso de mulheres negras, como tanto nos ensinou Conceição Evaristo. A mãe aqui que olha para filha e enxerga seu fardo, seu poder, seu destino de mulher. Que vive o racismo dos parquinhos infantis, dos restaurantes da capital federal. Na doçura do seu olhar, para o cotidiano, em meio a tantas imagens possíveis de fim do mundo. Ficamos divididas, somos muitas e uma só, ao mesmo tempo, lembrando de todas, junto, juntas. As ansiedades aqui, se existem, serão postas para dançar. E nós, mulheres, também seremos convocadas a pensar em reeducar a educação feminina se essa nos ensinou a ficar por baixo, a ser menor. Aqui não. Aqui, nesse relicário de palavra, a voz feminina se agiganta. E por escolha própria faz de seu passado feliz, mesmo com caminhos tortuosos, mesmo se o sapato aperta, com tantos sobretudos.

Homem, mulher, transgênero, travesti, todo mundo fica grávido passando os olhos pela prosa poética dessa escritora. *"Mãe, sua Morena é Rosa."* Pode chorar quem ler, mas lágrima aqui é instrumento de cura, como ela nos ensina. *"Cura definitiva, sem reincidência"*, ela salienta, pois não está de brincadeira e sua voz é sagrada, das profundezas de seu feminino. Leio Waleska com a Lua crescida, as minhas mulheres selvagens uivam, em voz alta, com o correr das páginas.

A escrita se avoluma entre crônicas, poemas, doses de reflexões diárias, muitas delas publicadas e compartilhadas na rede outrora, antes de chegar no livro. Como uma mulher que decidiu ser feliz, como alguém que passa o passado a limpo. Como a veia que resiste, no coração, e se recusa a ser prisão de ansiedades, recalques e assujeitamentos. A escrita aqui pulsa, com a passagem do tempo, dentro da revolução do afeto, da afirmação e do abandono do amor.

Desse grande balaio de memórias, muitas mulheres surgem, tristes, alegres, mas uma voz resiste feliz em continuar dizendo. E nos apaixonamos pela liberdade tanto quanto ela. Somos felizes com ela, será? Pois se ela aqui, na leitura que fazemos, encarna essa conquista, na superação dos passados tristes de tantas das nossas. Que nos inspira com seu direito de ir e vir, dona de seu nariz. Alguém que resistirá até o fim dos gritos de mal amada, porque se ama e tem certeza disso. Mulheres livres, doidivanas, bailando por essas folhas, feiticeiras, sábias, pagãs.

Destaco a crônica *"Um passado feliz de mulher"*. Quando li pela primeira vez esse título achei que tinha vindo de uma música. Seria sua voz de cantora, anunciando uma canção no futuro? Me intrigava a afirmação da felicidade no passado de mulher. Ficava pensando que, contrariando nossa ancestralidade comum, quase sempre repleta de tantas violências, abusos e calabocas, aquela mulher, ali, se afirmando feliz com seu passado, fosse, talvez, o revés da nossa história. A cura talvez?

Ler este livro me fez pensar no passado de um outro lugar. Do alto da felicidade. Me fez pensar no poder da escrita de si, na potência de se pensar dizer sentir mulher, sem medo de diagnósticos. *"Antes daqui não há passado"*. É como se o passado também pudesse ser reescrito, editado, revisto e refeito. Ou quem sabe o futuro pudesse afetar o passado? Parece que sim.

Para não nos acostumarmos com as ausências, precisamos da presença viva, brilhante, como essa que emana da voz de Waleska Barbosa neste volume. Nos alumiemos dela, pois, a cada leitura.

Laura Castro

Escritora e professora adjunta do Instituto de Humanidades, Artes e Ciências, da Universidade Federal da Bahia (UFBA).

QUANDO MORRE UMA MULHER

Quando morre uma mulher. Quando uma mulher é morta. Assassinada. Quando sua vida é extirpada de forma vil. Desleal. Covarde. Morremos todas junto. Juntas. Morre junto um tanto de mim.

Quando mais uma mulher é vítima de feminicídio, eu emudeço. Entristeço. Nada é capaz de explicar com exatidão essas razões. De ser morta uma mulher. Pelo seu companheiro. Ou ex. Ou por outros algozes. Pelo fato de ser mulher.

Quando sabemos da morte de uma mulher — e o número das histórias ocultas ainda é maior que a quantidade que nos chega —, olhamos para nós mesmas e nos sentimos desnudas. Alvo em potencial. Cristo na cruz. Esperando mais um prego. O que virá a ser fatal.

Quando é traída uma mulher pela sua própria forma de morrer, olho para a minha filha. Tenho vontade de explicar a ela coisas do mundo. E o fardo que carrega. Pelo fato de ser mulher. Não posso adiantar a uma criança uma realidade tão torpe. Embora as pessoas que desferem seus golpes contra uma mulher não considerem inocência. Nem a pouca idade.

Com o pudor com que fui ensinada a lidar com alguns assuntos e palavras, preferia que meus pensamentos e essa realidade ensandecida excluíssem a minha filha. E todas as meninas. E todas as crianças.

Mas é preciso encarar que não é bem assim. Nem a escritora nigeriana Chimamanda Ngozi Adichie com seu Para educar crianças feministas dá conta de nos instrumentalizar para fazê-lo. Mas eu tento. Tento agora. E antes. E não quero saber se é precoce. É necessário. É urgente. Quando morre uma mulher. Meu dia fica cinza. Minha alma sai para um passeio por um lugar vazio e ermo. Tenebroso. Amedrontado. Fragilizado. Não quero falar. Guardo um silêncio. Não entro nas rodas de conversa sobre a morte de uma mulher. Fico surda. Muda. Mas não por indiferença. Por absoluta tristeza. E dor.

Quando um homem mata uma mulher. E chamam a isso de tantas coisas. E as manchetes e textos jornalísticos usam de tantas artimanhas para não gritar a verdade de uma realidade irracional. Inaceitável. Inacreditável. É um desserviço.

É porque quem está na redação é aquele que escreve – e se desculpa depois – sobre o papel de uma estagiária gostosa circulando nos corredores de um meio de comunicação. É porque está naturalizado. É porque é aceito.

É porque ele, homem, menino, foi ensinado por ação/exemplo e omissão a ser o dono da fala. A mandar. Comandar. Ser o proprietário da mulher. Desfazer-se dela, como se desfaria de qualquer outro bem, ao se sentir vilipendiado nos direitos adquiridos em uma história inteira da humanidade.

Quando um homem mata uma mulher. Ela gritou antes. Mas ninguém meteu a colher. Tantas vezes procurou a rede de proteção. Acionou a justiça. Mas tudo é moroso. Menos o comportamento animal. Do homem que mata uma mulher.

Quando um homem mata uma mulher. O mundo cai por terra. O ser humano mostra a que veio. E a quantas anda sua involução. Quando isso acontece. É dia de fim de mundo. Sobe uma fumaça atômica enevoando qualquer beleza possível. Morremos todas junto. Juntas. Morre junto um tanto de mim.

TODOS OS DIAS SOFRO DE ANSIEDADES

Todos os dias sofro de ansiedades. Cuido delas com carinho. Coloco-as no colo. Lado esquerdo. Mais para o alto. Perto do coração. Para que escutem suas batidas. E se deixem embalar. Acalmar. Tal qual bebês que precisam da companhia da mãe. Seu cheiro. Tom de voz. Temperatura da pele.

Dou às minhas ansiedades a minha companhia. Minha vontade de que se acalmem. Minha respiração compassada. Para que se desarmem. E deitem. E durmam. Caiam uma a uma como dominó desmoronando.

Dou-lhes as mãos para que não se desvencilhem como cães sem coleira. Dedos entrelaçados, dançamos ciranda. Girando. Leve rebolado nos quadris. Pernas que se dobram. Alternando-se para frente e para trás.

Como um agrado e para mostrar com suave autoridade quem está no comando, crio estratégias para domá-las. Posto que se comportem com birra, criança gritando no supermercado, abaixo-me na altura dos seus olhos e, com voz firme, aviso quem manda ali. Aqui. Dentro de mim.

Olhar assustado e um leve tremor de corpo é o que recebo de volta. Sinal de que passaram a entender o recado. Querem um abraço. E dou um. De cinco minutos, que é quando os abraços começam a fazer efeito — soube na internet.

Atadas, as ansiedades se apequenam. Como envergonhadas. Reconhecem no seu comportamento um drama descabido. Um torpor que as impede de enxergar a realidade. Eu as chacoalho. E achincalho. De vez em quando, perco a paciência. Como ademais acontece com as mães que embalam seus bebês. Quero que as ansiedades entendam que não acredito em suas razões. Por isso, não vou deixar que se demorem. O acolhimento, aliás, é estratégia para que se desarmem. E me permitam a aproximação necessária para estudar os seus motivos. E possa, tal qual especialista, romper os fios que as mantêm potentes.

Minhas ansiedades fazem meu coração disparar. E não gosto da sensação. Já estive doente assim, de coração desgovernado. Arrítmico. Para isso, tomei remédios. Fiz exames. Descobri prolapsos de válvulas. Pois que escapem. Feito gás prestes a explodir. Que não gosto de ser prisão.

Amansadas. Domadas. Como bichos selvagens que precisam de cativeiro para sobreviver e perpetuar a espécie, acaricio as ansiedades com distância segura. Quase uma reverência. Pois que as respeito. Mas não lhes dou guarida. Tanta assim.

Engano as ansiedades para que não me engulam. Pois que não acredito nelas tanto assim. Não sei de que matéria são feitas. Eu. Sim. Carne. Osso. Batalhas diárias. Tristezas. Gozos.

A elas, dou palavras. Para ler. Para escrever. Dou música. Para ouvir. Para cantar. Dou vinho. Para poucos goles. Ou embriaguez. Dou esperança. E o apaziguar da vida posta no agora. As ansiedades têm medo do futuro. Eu as amparo no dia de hoje.

Deixo que durmam. Escutando acalantos de Caymmi. Saudadas no amanhecer por Cartola. Fim de tarde, quando voltam, eu recomeço o processo educativo. O objetivo é que um dia elas cessem. Deságuem em águas cálidas para nunca mais transformarem-se em cascata. Eu, sim. Carne. Osso. Batalhas diárias. Tristezas. Gozos.

FERA LEOA FÊMEA MÃE ROSE

Rose amou. Engravidou. Esperou nove meses. Acariciou a barriga como se toca em um corte de seda exposto em loja de tecido. Pariu. Com dor lágrima alegria. Ofereceu o bico dos peitos para ser prato de comida por uns tantos meses.

Rose cuidou do bebê, da criança, do adolescente. Como era possível para uma mulher simples, moradora da periferia, outros filhos para criar — com afinco cuidado amor. Rotina casa-trabalho entremeada por horas dentro de um transporte coletivo.

Rose estava feliz com seus esforços. Meninos na escola. Comida na mesa. Trabalho honesto e suado. Marido carinhoso vez em quando.

Adolescência chegou, Rose sentiu. Não com algum tipo de intuição, mas com o nariz. Faro de mãe. Nesse dia, tremeu como vara verde diante da descoberta. O menino, afinal, se rendia às influências da turma, logo ele. Cortava os laços de proteção maternal. A inocência de ontem ainda, cedia lugar à curiosidade perversa. De provar. Aprovar. Poço sem fundo. Portal sem retorno.

Junto com a fumaça, iriam os esforços de Rose. Para não ser mais uma. Nem seu filho. Mais um. Estatística fatídica e inevitável que desmaterializa o povo pobre. O menino ia entrar pela maconha, passar, talvez, por outras drogas até chegar e ficar e cair e morrer no crack.

Rose tremia como vara verde. Não iria fechar os olhos. Nem o nariz. Não perderia a promessa de Deus que era aquele rebento em sua vida. Não o perderia para o vício. Não o veria subjugado pelo tráfico. Não deixaria que um dia rompesse os laços familiares para sair por aí, alucinado e maltrapilho. Sem dignidade. Sem vestígio de que era de família. Houvera sido. Até provar. Aprovar.

Ela sabia que um dia receberia a notícia. Ou nem isso. Talvez, a sentença fosse de "desaparecido". Ela sabia que um dia trombaria com seu corpo, o dele, no chão. Atingido na porta de casa, para que todos soubessem que não se brinca assim, que isso não se faz. Sem querer, tatuaria o chão com sangue pisado. Deixaria o rastro. Antes da queda. Antes de se jogar. Antes de atirar-se. Nocauteando o vento. Gritando ódio raiva desamparo. Esforço de mãe deveria ser proibido de conhecer derrota.

Rose não ia fechar os olhos. O faro. Não era engano. Chamou. Clamou. O filho era dela. Não seria dos infortúnios. Nem da desgraça.

Perdia forças, mas nunca a esperança. Rose andarilha. Pegou o menino pela mão e o lançou em tantas casas bairros cidades quantos foram necessários para não criar vínculos. Não ser cooptado pelo chefe do pedaço. Sequer fazer amigos.

Meu filho, você vai sair dessa. Você não precisa disso. Você não precisa. Você não. Você.

Fera leoa fêmea mãe Rose. O pior passou. Nem chegou a acontecer.

Hoje, homem lindo. Pai de seu neto.

Rose ri. Ela conseguiu.

SOBRE O QUE NÃO SE DIZ, MAS É DITO

Penso em você. Bastante.

O bom-dia que não digo, digo. E você não diz mais também. Mas eu ouço.

Não sei os seus motivos. Os meus. Está muito cedo. Depois, hora alta. Depois, já não se dá bom-dia. Mas boa-tarde. E um "boa-tarde" nunca trocamos. Penso.

E a tarde é a hora mais complexa. É toda grávida. Prenhe de tudo o que podia ser, mas raramente é. Porque quero dormir, mas não durmo. Quero ver filme e adormeço. É tempo que me leva a energia. E é justo o tempo que teria. Mas não tenho. Porque ainda estou no trabalho. Porque depois tenho que buscar minha filha. E outras crianças, às vezes. Porque tempo, tempo, tempo és um senhor tão bonito.

Depois já é noite. E fico toda atarefada. Entre o que devo fazer, o que precisava, o que não quero, o que deixo para amanhã. O que me dá mais trabalho, justo por não ter sido concretizado e ficar apenas no plano do martelamento do juízo. Procrastinação. Ou coisa parecida.

Deito para dormir, mas não durmo. Seria exagero ou mentira dizer assim. Esse não. Absoluto. Horas a fio, eu insone. Durmo e acordo de madrugada. E a madrugada me paralisa com braços invisíveis. Contraproducente acordar assim, de supetão. Atada.

Antes de conferir a hora, faço minha oração. Ó pai, fazei com que sejam seis horas. Podem ser até cinco. Já estaria bom. Mas isso não digo na reza. É segredo meu. Que também guardo boa relação com as cores que antecedem o pleno amanhecer. Sou assim ó — dedos indicadores roçando um no outro — com a transição dos turnos do céu. Mas qual o quê. É meia-noite. Duas. Três e cinquenta e três. Que dei para olhar para o relógio justo às 3h53. Não quero saber o que diz a internet sobre isso. Recado dos anjos. E eu saio arrastando a barra do robe - se houvesse um. Saio penumbra, gelando os pés na cerâmica pouco receptiva. Vou à cozinha. Mas não acendo a luz. Lá na frente. E do outro lado. Há janelas. E não quero ser vista por vizinhos. Também insones. Festeiros. Amantes. Adictos.

Eu só queria chegar ao amanhã da forma mais convencional. E seja como for, o amanhã logo me consome. É tenra manhã e já não dou bom-dia.

Porque esse negócio de dar bom-dia pode parecer febre das redes sociais. E invasão de privacidade. E mais um tanto de não recomendações. Deixo para dali a pouco.

Já faz tanto tempo que não dizemos bom-dia que pareceria meio estranho. Sair-me assim, de repente, com essa. E vai que as palavras te pegam dando bom-dia a outra pessoa. E ficam suspensas no ar. Sem receptividade. Desvalidas.

Eu gostava mesmo daquela época. E da linha silenciosa que nos liga. Porque ainda liga. Isso não está no passado. É um bom-dia como o mantra Om. Se arrastando. Fica inaudível. Mas fica. Porque te dou bom-dia. Mesmo assim. Sem dar.

SOU A BABÁ DA MINHA FILHA

— Mãe, acho que as pessoas pensam que eu não sou sua filha.
— Por quê?
— Porque você é marrom. Mas não tem problema. Eu sei que você é minha mãe. Mas se eu fosse adotada, iria te amar do mesmo jeito.

— Deve ser o que elas pensavam quando viam eu e sua avó juntas. Só que ela é que tinha a pele clara. E sobre ser adotada, não há diferença. Não é preciso dizer a palavra. As pessoas são filhas. E mães. E pronto.

Em outros tempos, o diálogo com minha filha de quase oito anos iria me exasperar. Mas me sinto cada vez mais pronta para recebê-lo com leveza.

Isso não é segredo. Nem tabu. Nem palavra proibida. É o que é. Somos o que somos. Simples assim. Termos a cor da pele diferente já não me assusta.

Quando nasceu, a enfermeira que a pôs no meu colo disse:
— Mãe, sua Morena é rosa.

Um pouco mais tarde, outra profissional da saúde falou:
— Ela é sua filha enquanto estiver no peito. Depois, você será considerada a babá.

Refleti que não haveria problema. Mas me jogou na cara o tratamento que as babás recebem. Nos parquinhos, nos restaurantes, lugares públicos. Situações em que não há diálogo.

Ou troca de experiência. Olhos nos olhos. E até respeito. Se eu estiver com a minha filha, acompanhada por alguém de pele mais clara que a minha, as pessoas se reportam ao outro, mesmo sendo eu a pessoa que fala. A resposta não vem para mim, mas para a "mãezinha", que nunca sou eu. Isso é de uma pequeneza que nunca cheguei a entender. E, por sorte, parei de tentar fazê-lo.

O ponto de virada veio quando percebi que começava a evitar sair sozinha com a pequena. A delegar ao pai as missões externas. Por outro lado, ao estarmos os três juntos, uma tranquilidade me invadia. A família legitimada pela cor da pele do meu companheiro de então. E livre do estigma. Podia fazer meu papel de esposa, mãe e de exercer a profissão que tenho.

O confronto final veio com a separação do pai de Morena. Agora, éramos nós duas.

Ou eu encarava o mundo lá fora/cá dentro ou estaria condenada a um confinamento irreversível. Encurralada por paredes de certa forma invisíveis. O inimigo estaria em todo lugar. E vencê-lo seria algo maior que minhas forças.

Decido lutar. Não pensando em cada julgamento ou pessoa com quem pudesse cruzar e que veria em nós qualquer coisa que não fôssemos. Venço as amarras internas. Grito-me negra. Parafraseando a poeta afro-peruana, Victoria Santa Cruz.

Insiro nas nossas vidas a questão racial. Mostro Manoel Barbosa, meu pai preto. Mostro Maria Barbosa, a mulher de pele clara que me pariu. Falo de misturas. Da família do pai dela.

É o que é. Somos o que somos.

E, sim, sou a babá da minha filha.

LÁGRIMA NÃO É ÁGUA

Ela me conta que chorou.
Não sabe por quantas horas.
Pior, não sabe o motivo.
Lágrima não é água.
É instrumento de cura.
Eu mesma permiti que vertessem sua varredura sobre o meu rosto. As lágrimas.
Foi essa semana.
Deixe essas lágrimas correrem. Levarem escorridas as tristezas. Sabidas. E escondidas. Até de você.
Eu mesma chorei essa semana.
Na esperança de que fosse a última vez por aquele motivo.
Na crença de que lágrima não é água. É instrumento de cura.
Chorei pelo engano. Pela solidão. Pela cadeira com três pernas. Manca. Faltosa. Sem utilidade. Que naquele momento me pareceu ser cuidar de uma cria. Sozinha.
Repassei os planos.
A cadeira claudicante.
As palavras de então não me diziam isso. Nem sequer me faziam antever o futuro.
Chorei com inveja dos comerciais de margarina.
Acho que nem existem mais. Margarina foi decretada como veneno para a saúde.

Assim como são as ilusões. Veneno.

Invejei os casais longevos que acompanham, no café da manhã, o crescimento dos filhos.

Que ouvem suas histórias. Ao vivo.

Chorei. E permiti as lágrimas. Porque queria que fosse a última vez.

Cura definitiva. Sem retorno. Reincidência.

Em algum momento, chorei até pelo motivo daquelas lágrimas.

Era minha fraqueza. Meu engano. Minha solidão materna.

Era minha necessidade de ser tudo. E todas. E ainda faltar para mim. Eu me preciso.

Mas não tenho tempo. Nem disposição.

Na minha hora, tenho sono. E durmo em meio aos planos do que iria fazer agora.

Luz acesa. Livro aberto. Computador no colo. Cabeça fervilhando.

Roupa para passar. Poeira para espanar. Pratos na pia. Compras para fazer.

Contas a pagar.

O horóscopo joga na minha cara que preciso aprender a lidar com a vida material.

Ora, se sobrevivi até aqui, devo saber algo. Ou não.

Não me diga o que eu preciso.

Deixe que eu me entenda com o engano. Com a solidão. Com a minha falta de mim.

Vinho que respinga. E suja a roupa. Dia de racionamento. A mancha vai ter que esperar.

Não. Deixe que saia.

Lágrima é água.

Que limpa.

Instrumento de cura.

Que nunca mais se chore pelos motivos de hoje.

Que sejam limpos. Varridos. E lustrados.

Que a janela aberta deixe entrar o novo.

E que ele nos pegue polidas. Enceradas.

Que escorra por nosso corpo todo o engano. E solidão.

Que nunca mais se chore pelos motivos de hoje.

QUER VER A SORTE?

Da janela, vi o que parecia se mover. Como uma sombra. Apurando o olhar, percebi que se tratava de uma pessoa. Mais que isso, apesar da distância e da escuridão da noite, eu sabia quem era a pessoa.

Aos poucos, transformei os contornos do que seriam suas roupas, nos tecidos e peças que eu sabia que usava. Era como se estivéssemos frente a frente.

A percepção daquela intimidade me fez bem. Ao tempo em que corrigi o sentimento. Não éramos íntimas. Pelo contrário, nada me ligava a ela. A não ser o fato de saber quem era. E a capacidade de discernir isso do alto de uma janela.

Ela se afastava com passos rápidos até sair do meu campo de visão. Eu, por minha vez, permanecia imóvel. A imaginação e a memória, elas, sim. Saíram por aí até me fazer chegar aos meus primeiros anos em Brasília.

Ela estava neles. Portanto, há quantos anos eu via aquela mulher autointitulada Baiana?

Quantas vezes havia dito a ela sentenças como "não, obrigada", "hoje não". E negativas do gênero?

Era isso que ela oferecia diariamente em bares e ruas da Asa Norte. A sorte. Ou a possibilidade de conhecê-la, mesmo quando a leitura trouxesse maus augúrios.

"Quer ver a sorte?" A voz inconfundível ecoava.

Quantos anos teria agora? Parecia a mesma. Os quilômetros. Percorridos a pé. À noite. Solitariamente. Eram muitos mais. Era apenas o que eu sabia. Ou arriscava achar que sabia. No meio disso, a realidade. A história de vida. Percalços. Vitórias. Escolhas. Para os quais nunca dei ouvidos.

Era corajosa. Mas o que me saltava aos olhos era a vulnerabilidade, enxergada somente agora. Lá do alto.

Uma mulher. Sozinha. Singrando quadras. Entrando em bares. Ofertando uma pergunta, feita de forma tão pouco enfática, que já trazia embutida a possível resposta. Negativa.

Poucas vezes. Talvez, nenhuma. Quantas, afinal, eu vira alguém aceitar o convite? Oferecer a mão e suas linhas para receber em troca palavras que não se garantiam alvissareiras?

Abrir mão dos prazeres notívagos para olhar nos olhos de uma vidente, trocar confidências, sussurrar segredos indizíveis, jogar as cartas da própria vida na mesa do bar.

Era tentador. Ouvidos disponíveis, afinal. Mesmo que fossem de aluguel barato.

Melhor não cair na tentação. Seguir enviando mensagens de autores desconhecidos. E deixar o futuro ao Deus. Dará.

Parecia óbvio que a capacidade de ler a sorte não a aproximara dela. Ou, pelo menos, da abundância.

Roupas sobrepostas. Surradas cartas fazendo o papel de oráculos. Passos lentos. Indolentes. E a pergunta que insistia: quer ver a sorte?

Não eram palavras ditas. Mas cantadas. Em desafino. Em desatino. Quem, em sã consciência, diria sim? Melhor dizer não. Obrigada. Embriagada.

O SONHO

Quando ela me contou, senti a emoção de ouvir algo tão impossível quanto surpreendente. E se cultivava aquele sonho - e tinha a coragem de verbalizá-lo - quem era eu para duvidar de que fosse exequível? Ao contrário, nada me pareceu tão real. Pensei no poder da palavra que sucedia a força do sonho. Ela me confidenciou seu desejo maior e bastou isso para que ele perdesse sua aura de fantasia e tomasse, aos meus olhos, contornos visíveis. Palpáveis. Sequer precisei fechar os olhos para imaginá-la dona de si. Com a cara de autossuficiência e plenitude exibida apenas em casos de realização de sonhos.

Se para ela ainda era quimera, para mim era fato. Dos mais bonitos. Sequer precisei fechar os olhos para ver suas cores. Mistura harmônica de primárias em paleta única. Mágica. Incandescente.

Se para ela não tinha acontecido ainda e a vontade estava em um tempo verbal que não encontrava paralelo na gramática — futuro do futuro do nunca vir a ser ou algo parecido —, isso lá era com ela. Comigo, já era mais que presente. Também um tempo verbal sem paralelo na gramática.

Porque a gramática não é só uma. As regras não estão todas ditas e colocadas. Há as personalizadas. Pronta-entrega. Sob medida.

Ela tinha uma. Para encaixar suas palavras. Ajustar o tempo de seus quereres. Varrer do mapa os advérbios de dúvida. Fazer do mapa um lugar de advérbios de afirmação. Sim, perfeitamente, pois sim, positivamente, efetivamente, certamente — eu podia enxergá-la revestida pela concretude do que fora fantasia.

Se para ela depois do segredo revelado fez-se silêncio; para mim, havia som. Música. Canção. Melodia. Trinados nada antagônicos. Encontros de notas miúdas com graves e agudos. Uma orquestra em ação. Lirismo a plenos pulmões.

Se para ela revelar-se equivalia a uma nudez descarada seguida por pudor, eu a via vestida em traje de gala. Digna de tapete vermelho. Capa de revista. Lançando tendências. Tecido delicado. Finíssimo. Fibras naturais. Uma riqueza.

Se para ela cada passo significava pisar em terreno desconhecido, fragilidade infinda na planta dos pés, eu enxergava a força de sua pisada. Vislumbrava o caminho percorrido. Antecipava-o.

Os pulinhos sutis podiam enganar. Não a mim. Pois enxergava neles a capacidade de levar adiante. Para longe. Com a perspectiva do alto. Mudança de referencial.

Abrir asas. Saltar no abismo.

O voo. Pleno.

"Meu sonho é ser passarinho. Poder voar."

Se para ela o sonho era engraçado e precisava de explicação, aos meus olhos sequer existia como possibilidade.

Ouvi o farfalhar de suas asas.

Fechei a janela para garantir que não voltasse.

COMBOIO DE CORDA

Doeu de morte.
Tom de despedida sequer prevista.
Não gostei da sensação.
Não se tratava de morte. Nem de despedida.
Era um anúncio. De partida. Ou só viagem. Ou nada disso.
Apenas intenção e vontade.
Doeu de morte.
Mas o que havia era vida. Farta dela mesma. Em todos os sentidos. Farta de vontades. Em todos os sentidos. Farta de tentativas. Em todos os sentidos.
Restava a mim, doendo de morte e ferida de despedida sequer prevista, o que resta nessas horas.
Relembrar tudo que passara. E sentir. Dores. E amores. E me perguntar as razões. De ser. E de não ter sido.
Entender a mensagem oculta. Os motivos. A função.
Deixar escapar um sorriso. Resquícios de tantas risadas que demos.
É como querer o melhor a um filho.
Desejar que a partida — se houver — traga alívio imediato.
As respostas que procura.
Que pudesse receber alento da vida.
Que fosse diferente.
Ele. O desejo de ida.

Podia passar horas absorta nas lembranças.

De nada adiantaria.

Beco sem saída.

É você a pessoa que deu um nó cego em meu peito.

É coisa assim de dizer que foi melhor por já ter sido.

E é tão estranho isso.

De não entender. De abraçar e agradecer. Por não ter acontecido.

Meus olhos não veem atrás de brumas. Não enxergam no escuro.

Minhas mãos não desnudam enganos.

Cristalinos. Borramentos. Problemas na visão.

Gosto de claridade.

Sufoco com imprecisões.

Poderia ter ido até o fim. Mas ele veio até mim.

Não costumo brigar com destino.

Não dou conta de você.

Canso também.

Mas não posso dar tchau e ir embora.

Tenho que dobrar mágoas e enganos e não entendimentos numa matula que já se extrapola. Nem fecha mais, nem se fecham suas histórias. Algibeira repleta de memória.

Vai. Ser gauche na vida. Como poeta que também é.

Vai pela sombra, para não queimar o pé. Antes das feiuras vem a alegria.

Vai ser a pessoa para quem nasceu. Vai. Fala alto. Grita palavrão. Come sólido. Água.

Toca violão.

Quem tem uma viola só chora se quiser. Você tem sorriso para o que der e vier.

Tem uma dor que finge. Mesmo quando não mente.

É comboio de corda.

Que se chama coração.

O seu dom é esse.

De espalhar-se na solidão.

Vai deixando esse rastro.

Dor de morte. Despedida.

Atos são pássaros engaiolados.

Um na mão.

Melhor que todos voando.

CONTRALUZ

— A essa hora?

Foi o que saiu da boca.

Havia dias.

Saiu da boca. Ficou martelando na memória.

Foi o que conseguiu responder. Agora parecia torpe.

Era como um perdão não concedido.

As três palavras voltavam como a figura da morte e seu machado. Sombra nefasta. A amaldiçoá-lo.

— A essa hora?

Era coisa que se dissesse? Haveria hora certa para aquilo? Em vez da negativa pouco inteligente, como considerava agora, não poderia ter aceitado? Ou não ter respondido? Ou ter sido mais ousado?

Poderia ter deixado algo no ar. Nem sim. Nem não. A possibilidade. O não estranhamento.

Poderia ter mostrado que uma oferta como aquela não era algo inédito.

Não aceitaria era por outro motivo.

Sem relação com o horário.

Atrelar uma agenda a algo tão livre pareceu-lhe bobo.

Conhecia aquela liberdade. Era íntimo dela. Sabia pormenores. E segredos.

Mas a resposta dita de chofre apagava tudo num golpe só.

Pareceu estreante. Eunuco. Celibatário.

Adolescente virgem que titubeia diante da porta do puteiro.

Melhor voltar depois. Mais preparado. Camisinha no bolso.

Ou meter na primeira namoradinha. Mesmo que passassem o resto das vidas esforçando-se para esquecer primeira vez tão desajeitada.

— A essa hora?

E bastou para a mulher dar as costas. Sair. Nem decepcionada. Nem contentada.

Não esperava sim. Ou não. Não esperava nada da vida. Nem de ninguém.

Ofereceu-se por não ter outra coisa a fazer.

Poderia ter ficado calada.

Fingindo não o enxergar.

Ter continuado sua viagem sem rumo.

Ter aberto mão daquela parada infrutífera.

Ainda um gosto pelo risco sobrevivia em sua carne fraca.

Instinto (de) animal. Ouve um ruído e sai a galope.

Predador. Ouve um ruído e se aproxima.

Arriscou.

Faz programa. Está sem grana. Rolava de fazer um servicinho qualquer. Um boquete. Uma chupeta.

O que viesse era lucro. O trabalho.

O pagamento por ele.

Era homem. Conhecia aquilo. Podia ter se liberado aos prazeres fortuitos que arrebentam sem aviso prévio. Surpresa. Das boas.

Pensou nela. Sua profissão.

Pensou nele. Seu corpo.

Pensou em como era sublime estar dentro do outro. Inundar-se do divino. Do profano.

Era sagrada a entrega. Junção de química e física e hormônio e prazer e grito e gozo. Quiçá amor.

Levava-se tempo para o refazimento.

Era coisa profunda. Intensa.

Mas podia ser nada disso.

Rapidinha.

Só gozo.

Sem sentimento.

Mão no bolso. Nota de dez.

Para ela, estava bom.

Para ele, não se sabe até agora.

Tarde demais para voltar no tempo. Nunca havia conseguido tal façanha. Da vez em que tantos quilômetros os separavam, nem possibilidade.

Podia enxergá-la.

O corpo de mulher contra a luz do amanhecer.

Peitos. Bunda. Coxas.

A voz que oferecia. Oferecia-se.

Entregou a nota.

Recusou o serviço.

Decisão acertada.

Isso não estava em jogo.

Mas as três palavras renitentes.

Foi o que conseguiu responder.

Agora parecia torpe.

FRUTA MADURA

Passou rápido o tempo.
Não era fácil perceber.
Sentia-se a mesma. De há muito.
Tinha a mesma essência.
Sim. Era uma mulher.
Nem sempre fora.
Lembra-se de muita coisa da infância.
Não foi um mar de rosas.
Preferia ter esquecido algumas partes.
De quando apanhou dos pais e irmãos.
De quando sofreu uma tentativa de abuso. Uma, não. Duas.
Das reprimendas por fazer xixi na cama em fase não usual.
De quando foi manipulada por adultos para fazer coisas que, não sabia à época, teriam consequências para outras pessoas.
Era inocente demais para ser criança.
Ou o mundo era feio demais na lida com os pequenos.
Tudo lhe doía. Não fosse na carne, na alma.
Criou um universo próprio onde pudesse se esconder. Era feito de silêncio. E observações.
Nele cabia arte. Desenhava. Tocava. Pintava. Fazia roupas de bonecas. Cozinhava. Dançava. Escrevia.
Tudo era escape. E salvação.
O mais ia guardando.

Preferia ter esquecido algumas partes.

Mas era sensível demais para não tatuar suas experiências em cada parte do corpo e da memória.

Nada disso trazia visível.

Logo agora que tinha também dores de amor.

E de perdas.

Concluía – a vida, ao passar, deixava um rastro de subtração na soma e na sombra do tempo. Sobras.

Gostava de se olhar no espelho.

Era objeto inseparável. Ainda é.

Dos menores, levados na bolsa, até os enormes, onde pode se olhar de corpo inteiro.

É neste encarar (se) que descobre muita coisa.

Quanta verdade podia caber em um reflexo?

Era engraçado. Estava ali. Mas não estava.

Não via as rugas. Os peitos sem o vigor de antes. A pele perdendo elasticidade. Ou ganhando. A mudança na arcada dentária.

Era ainda a menina que enxergava.

Era a jovem senhora que não via.

A prova estava nos documentos. O ano em que nascera. Podia ter sido há dez mil anos. Atrás.

Ou agorinha mesmo.

Aliás, renascia diariamente por exigência da vida.

A bagagem que carregava variava de peso.

Podia ser leve. Ou conter toneladas.

Podia empurrá-la com um sopro. Ou chamar carregadores imaginários. Nem sempre disponíveis.

Largá-la em uma esquina. Por inútil que era.

Podia sorrir. E bailar. Jogar-se no chão de tão plena. Voar.

Podia sucumbir. Deixar-se morrer. Mas você é duro, José.

Fênix.

Gosta de ser assim.

Inteira.

Luz. Sombra.

Ação.

É diante do espelho que ainda carrega ou procura ou encontra, que se perscruta.

Do que não vê nem pergunta.

Intui. Bruxa que é.

Vira-se de lado. Revira-se. Vomita. Volta do avesso.

Olha os cabelos. E os pentelhos.

Se detém.

No corpo esguio sem idade, as décadas se abrem.

Nunca imaginou a cena. Sequer acreditou que aconteceria.

Segurou o fio e quis arrancar-lhe.

Você é duro, José.

Ironizou.

Deixou para lá.

Olhou de novo.

Assentiu.

Sorriu.

Havia um pelo branco.

Ela não.

Mas a sua buceta.

Amadurecera.

TRISTE HISTÓRIA DE UM BEIJO MANDADO

Ela mandou um beijo.
Parecia tão bobo. Aquilo de mandar beijo.
Na sua idade não havia mais espaço para mandar beijo.
Já não teria mandado ou dado o suficiente?
No tempo em que mandar beijo era lúcido, válido e inserido no contexto?
Agora, tinha que pensar mil vezes quando sentia vontade de mandar beijo.
Agora ela era herói.
O tempo havia passado.
Acabou o romantismo.
Acabou a ilusão.
Conto de fadas também. Fim.
O príncipe veio e se foi.
O pra sempre acabou.
E ela passou para a fase borralheira da gata.
Limpando chão e cama. Limpando alma.
O baile durou pouco. Devia estar no horário de verão. Bem antes da meia-noite a carruagem virou abóbora.
O sapato apertado nem conseguiu cair.
Agora não tinha link entre os dois.
Sem rastro. Sem sinal.
A coisa era mais rasa.

E rara.

Não haveria investigação.

Porque acabou a curiosidade.

Tchau é vazou. Cai fora. Vai embora.

Ela mandou um beijo.

E ainda quer saber a razão.

De não ter contido a tolice.

Ou de não ter visto tolice em mandar um beijo.

O que, afinal, é um gesto sem pólvora ou dinamite.

É que apenas não cabe mais.

Nesse mundo atual.

Ninguém quer beijo, não.

Esquece.

É que ela pensou tanto antes.

E terminou sucumbindo.

Na sua idade não havia mais espaço para sucumbir.

Era para não ter mandado. E pronto. E ponto. Final.

Mas, mesmo quando decidiu bem decidido que não mandaria, foi lá e mandou.

Não deveria pensar tanto sobre uma coisa tão boba.

Mandar um beijo.

Na sua idade não havia mais espaço para mandar beijo.

Tudo é muito grave. E sério. E chato. Desalmado.

Fingimento.

E sonho não realizado.

Faça uma lista, diz o poeta.

Não queria fazer lista.

Já não sabe de sonho, do que não foi, nem nunca será.

Só queria mandar um beijo.

Sem passado. Nem futuro.

Sem significado.

Na sua idade não havia mais espaço para coisas sem significado.

Tudo é a ferro e fogo. Marcado.

Tudo sequelado.

Cuidado. Não ultrapasse.

Beijo eletrificado.

Mata.

Morre.

Ah, caralho!

Esse beijo que mandou nem era verdadeiro.

Era falsificado.

Não tinha lábio.

Nem estalo.

Não foi jogado por mãos balouçantes.

Nem cabeça de lado.

Foi um desenho.

Realidade virtual.

Desinventado.

Ridículo isso de mandar beijo.

Na sua idade não havia mais espaço para beijos pixelizados.

Aprendeu mesmo que beijo é pra ser dado.

Com malícia. Desejo. Bem molhado.

Na sua idade uma coisa puxa a outra.

E da boca se chega a todo lado.

Sinta-se beijado. Desavisado.

COINCIDÊNCIA

A menina entra com os pais na cafeteria chique da rua chique.

São Paulo.

Nem bem dá os primeiros passos e seu caminhar é barrado por mãos que a seguram pelo braço.

Sem pudor, o dono das mãos anuncia o motivo do gesto brusco: o lugar não admite pedintes.

Ordens da gerência.

Julho, 2017.

O menino entra com o pai em um shopping chique do bairro chique.

São Paulo.

A funcionária pergunta ao pai se a criança o está incomodando.

Foi confundida com um pedinte.

Ordens da gerência.

Junho, 2017.

O filho espera os pais se servirem sentado à mesa de um restaurante self-service.

São Paulo.

A mãe está botando reparo, mas perde o segundo em que, por algum motivo, o menino desaparece.

Volta a encontrá-lo na rua. Chorando.

Foi retirado à força do local que não admitia pedintes.

Ordens da gerência.

Janeiro, 2012.

O menino acompanha os pais em uma loja de carro chique de um bairro chique.

Rio de Janeiro.

O funcionário solicita que se retire. Ali não é lugar para ele.

Pede dinheiro.

Incomoda os clientes.

Andava sozinho. Era sozinho que não podia estar. Foi o que tentou alertar.

Desculpas.

Mal-entendido.

Janeiro, 2013.

AMOR. LIVRO DE BOLSO

Passou a vida toda ou boa parte do seu tempo. Dedicando-se a escrever.

Era sua moeda.

O que tinha para oferecer.

Em troca.

Falava de amor.

Nem sempre o sentimento.

A palavra.

Muitas vezes bastava.

Havia muitos ouvidos desacostumados.

Muitos olhos almejando vê-la escrita.

Muitos corações incautos e vazios.

Acreditavam no preenchimento pelo amor.

Nem sempre o sentimento.

A palavra.

Muitas vezes, bastava.

Folha em branco. Cabe tudo.

Pintou de tinta todas as que pôde.

Em algumas, sentimento.

Noutras, palavra.

Fingimento.

Precária certeza.

Fugidia.

Eterna. Enquanto durasse.

Foi feliz assim.

Fez feliz.

No espaço da eternidade.

Viveu muito, sabia?

Quanto amor/sentimento/palavra cabe em uma vida?

Agora papel grilado.

Carcomido.

Passado.

Amarelado.

Sentimento.

Palavra.

Também.

Amor de poeta.

É assim.

A gente pega.

Abre.

Fecha.

Folheia.

Marca.

Esquece de ler.

Encaixa na estante.

Entoca na gaveta.

Deixa exposto. Como a Bíblia na igreja.

Fita vermelha no meio.

Luxo.

É todo excesso.

Enciclopédia.

É todo bobagem.

Almanaque.

É todo lúdico.

História em quadrinhos.

É todo lágrima.

Fotonovela.

É todo enigma.

Dicionário.

É todo vazio.

Folha em branco.

Cabe tudo.

Mas a poesia cansa.

O tempo passa.

O amor se esquece.

Já não é sentimento.

Caça-palavra.

Nada.

Piada.

Livro de bolso.

ERA HUMANIDADE PURA

A frase saltou da conversa. Grudou em mim.

Achei que era a coisa mais pura, bonita e acertada que ouvira nos últimos tempos.

Sincera.

Verdadeira.

Só podia vir mesmo de alguém que já passara por quase todos os anos que a vida podia oferecer.

Um idoso.

Um sábio.

Um homem que, finalmente, amadurecera.

Não precisou da muleta do "para sempre". Ou do "eternamente".

Àquela altura, sabia que o para sempre, sempre acaba. E a eternidade, estava prestes a conhecer. Se é que havia.

Limitou-se ao que podia ofertar. Sem promessas. Sem futuro. Sem grandiloquência.

E era tanto.

Significava uma vida sendo lembrada. Um resto de vida. A vida que restasse.

E era tanta.

Nunca se sabe o quanto.

Um homem velho sabe que não muito mais.

Tem orgulho de ter tido e estar tendo a muito recomendada vida longa.

Para ela, a frase foi sentença.

De vida.

Deu ao seu esforço a certeza de que valera.

Era acertado enfrentar e enfrentar-se.

O homem velho. Sua rabugice. O medo que gostava de transmitir.

A distância que tinha conseguido impor à custa de seu tamanho.

Inibia. Sua voz. Afastava. Seus gestos. Afugentava.

Enfrentar-se no que encobria sua capacidade de lidar com aquilo.

Era humanidade pura.

Mesma matéria de que era feita.

Era velhice.

Mesma matéria de que poderia vir a ser feita.

O homem grande e velho era disso também.

Era isso.

Humano.

Menino. Miúdo. Apequenado pela sua condição.

Com boas lupas ou lentes, era possível enxergar. O gigante que fora desde que nasceu. E que ainda era.

Bastava enfrentar (se).

Sem saber, sabia que era isso.

Entrou no quarto.

Fez que não ouviu o desafio.

Não conseguiria.

Era mulher, ainda por cima.

Coisa de homem, aquilo.

Ela sabia que era coisa dela.

E ofertou sua disponibilidade.

E deixou claro seu desejo de tentar.

Usou cremes e loções.

Toalhas e água quentes.

O calor das próprias mãos.

Humano.

O gigante cedeu. Ainda confiava na intuição.

Inclinou a cabeça.

Baixou a guarda.

Fechou os olhos.

Nem precisou abri-los para saber.

Era mais. Muito mais. Melhor do que podia esperar.

"Enquanto eu tiver memória, vou me lembrar da senhora".

Foi o que disse o menino.

Recém-barbeado. Por ela. Sua cuidadora.

OUVINDO MAL-AMADA

A mulher respondia aos seus interlocutores com ênfase. Resoluta.

Não tinha interesse, por agora, em relacionamentos afetivos. Era o que dizia.

Suas palavras eram recebidas com incredulidade e tom jocoso.

Todos queriam ser cupidos.

Riam e apresentavam soluções para o que consideravam um disparate. Apontavam possíveis pretendentes.

A mulher seguia contrariando a ordem.

Gostava da liberdade.

E não tinha interesse em abrir mão da conquista.

Era uma conquista. Recente. A liberdade.

E ela apenas começava a se embrenhar em universo em que não precisava ter respostas para ninguém. Além dela mesma.

Podia ir e vir com total domínio sobre seus passos. E atos.

Podia assistir ao canal que bem escolhesse. Ouvir música a qualquer hora. Deixar a toalha sobre a cama. Largar os pratos sujos na pia por um dia. Ou mais.

Podia escolher ir ao cinema, ao parque, ao supermercado sem ter que informar seu paradeiro. Bastava girar a chave na porta e sair sem ter a quem dizer adeus.

Podia virar as costas e dormir. Ter dor de cabeça.

Estar indisposta. Menstruada.

Podia sair para dançar. Flertar. Tomar uma cerveja. Sozinha.

Podia usar decote, saia curta, vestido apertado.

Cortar os cabelos ou pintar as unhas sem esperar que alguém notasse o feito.

Podia, aos finais de semana, escolher — sem negociações — quem iria visitar e o que iria fazer.

Ou se apenas não tiraria os pés da cama, embrulhada que estava em seus cobertores, tendo por perto tudo o que precisava. Controle remoto, água, um saco de biscoitos.

Podia não escovar os dentes, não lavar os cabelos, não tomar banho. Deixar o corpo se embalar em seus próprios fluidos e odores.

Ela podia tudo.

Só não sabia. Ainda.

Era recente a conquista. Estava liberta.

Mas não sabia o que fazer com a informação. Com a condição. Ainda.

Por enquanto, lamentava a perda da mãe. E do noivo.

Uma, por morte. Outro, por desgaste. Do relacionamento.

Uma, por imposição da vida. Infortúnio. Ciclos encerrados.

Outro, por livre-arbítrio.

Deixavam saudades.

Um gosto amargo na boca.

Tontura. Torpor.

Não conseguia entender as provações.

A mãe, essa, sim. Podia ter de volta. Sentia muito.

O noivo, não. Já foi tarde.

E ela era a pessoa que podia tudo.

Excesso de possibilidades.

Se não cuidasse, paralisaria diante delas.

Falava sobre isso para ver se a verdade repetida virava ação.

Mas, em troca da convicção, ganhava escárnio.

Só podia ser história para boi dormir.

Mulher precisa de homem.

Precisa de cabresto.

Senão, fica chata que só.

Briguenta.

Ouvindo mal-amada.

Gritada mal comida.

Embrulhava as compras. Discorria sobre a nova condição.

Escárnio. Tom jocoso.

Ela dava de ombros.

Estava livre.

SÃO O QUE SÃO

São livres.
Doidivanas.
Bailarinas.
Dançarinas.
Sacodem os braços.
Pedem socorro.
Agarram o abraço dos afogados.
Sufocam no abraço da jiboia.
Cabeludas.
Peladas.
Abrem as pernas.
Tantas vaginas.
Entregam-se.
Convidam-se.
Entrelaçam-se.
Entrelaçam-nos.
Tortas.
Largadas.
Elásticas.
Ginastas.
Lançam-se ao chão.
Encostam-se nele. De raspão.
Dão piruetas. Fazem estrela.

Grossas.

Finas.

Malhadas.

Ásperas.

Macias.

Dadas.

Safadas.

Brincalhonas que são.

Bruxas.

Anciãs.

Encarquilhadas ancas.

Pagãs.

Libertas.

Incertas.

Aguadas.

Molhadas.

Meladas.

Têm rosto.

Corpo.

Pés e mãos.

Pernas torneadas.

Escancaradas.

Esperam o pão.

Alimento.

Para sua carne/tronco/coração.

São mulheres. São femininas.

Vieram do encantado.

Essas árvores do Cerrado.

VIVIA DE ESPERAS

Hoje é Dia de Fogueira.

Para Antônio, o casamenteiro.

O pobre santo vive levando castigo por dar de ombros às promessas feitas por seus devotos.

Ela, por exemplo, queria casar. Daquele jeito "para sempre", como nos contos de fada. Que mal havia nisso?

Sonhava com a festa, com a igreja enfeitada, com o padre falador. Com a troca de alianças, com o beijo que selaria o compromisso. Com a festa de recepção, com a lua de mel, enfim.

Queria fazer como as noivas das novelas e atrasar um tanto só. Para entrar na igreja sob a expectativa aumentada de todos os convidados.

Soaria a Marcha Nupcial, seus olhos transbordariam (a maquiagem ficaria um pouco borrada, mas, no salão, teriam dito que os produtos eram à prova d'água) e iria — passos resolutos e nervosos — em direção ao príncipe encantado, como nos contos de fada.

O que viria depois estava mais para comercial de margarina. Muito amor, casa bonita com jardim, filhos nascendo enquanto os próximos já estavam a caminho, problemas resolvidos, café na cama, beijo na boca, sexo quente.

Olhares enternecidos, parquinho com as crianças, mãos dadas.

Mas esse tempo nunca chegava.

Era tão difícil assim encontrar a cara metade, a tampa da panela, o cobertor de orelhas, alguém para chamar de seu, um parceiro que aceitasse dormir de conchinha?

Era. Ela sabia disso.

Já havia perdido a conta dos agrados feitos ao santo.

Adivinhações e simpatias – não sabia quais faltavam ser testadas.

Até a gradação delas já havia sido alterada.

Começou com as mais singelas. Se mandasse o marido, receberia flores e velas acesas. O santo.

O marido não vinha.

Foram crescendo a raiva e o desejo de vingança. Estava em luta com ele. O santo.

Tiraria o Menino Jesus de seus braços. Devolução mediante a entrega de um amor certeiro.

O colocaria de cabeça para baixo. O penduraria em um penhasco. Deixaria que dormisse embaixo de sua cama.

Santo ingrato. Mal-ouvido.

Não queria ajudar a fiel tão antiga, que há tantos anos se empenhava em agradá-lo, em renovar a fé, em caprichar nas orações.

O jeito era confiar no correr do ano. Depois de 13 de junho, o tempo passava devagar. Cada encontro poderia ser o desejado. Cada pessoa que conhecia tinha jeito de ser o amor reservado pelo destino.

Vivia de esperas.

De ilusão e crença.

Euforia e cansaço.

Cansava essa devoção. Cansava essa credulidade. Cansava depender de um santo que se mostrava tão pouco compreensivo e prestativo.

Exausta em mais um Dia dos Namorados que passava sozinha, uniu as mãos em prece, desceu o santo da corda em que pendia, beijou sua testa de madeira. Olhou para o alto envolvida por mistura de esperança e ceticismo.

O que seria de mim, Deus, sem a fé em Antônio?

ONDE O SAPATO APERTA

O ditado popular. Cada um sabe onde o sapato aperta.

Para ela, mulher simples, moradora dos arredores, da periferia, do espaço à margem do centro do poder, isso fazia muito sentido.

Ela sabia onde o sapato apertava.

E era mais simples do que as diversas apreensões que o dito podia evocar.

O seu sapato apertava era no pé mesmo.

E a simplicidade acabava aí. Resolver a questão não estava sob sua alçada.

Não pense que aconselhar a trocá-lo, ficar descalça ou usar um modelo mais confortável, ajudaria.

Ela bem queria que fosse assim.

Mas o calçado era uma espécie de galocha emborrachada, quente e apertada, que fazia parte do seu uniforme de trabalho.

Eram oito horas diárias, a maior parte em pé, circulando, indo de um lugar a outro, segurando baldes, vassouras e outros equipamentos de limpeza. Com ele.

Eram cinco dias na semana varrendo, lavando, passando pano, reparando algum dano causado por incidentes em xícaras ou copos derramados.

Não reclamava. Na verdade, reclamava. Mas só do sapato apertado.

Sabia o valor do trabalho. Era mãe solteira. Criara quatro filhos daquela mesma maneira – pegando firme na labuta, recebendo o salário no final do mês, conhecendo as pessoas que, ao longo de 21 anos, passaram por ali.

Já testemunhara tanta coisa. Já fizera tantos amigos. Os filhos receberam ajuda deles para se criar. Ganharam tantas roupinhas, tantos brinquedos. Até comida. Se não fosse pela solidariedade alheia, não imagina como teria conseguido.

Sabe tanto disso que continua abordando os mais chegados e perguntando ao pé do ouvido:

— Você tem alguma roupa lá para doar? Pode ser de adulto ou de criança.

As doações pretendidas nem são mais para uso próprio ou da família. Pode até ficar com algo. Mas o excedente é enviado ao Maranhão, seu lugar de origem, onde tanta gente ainda precisa do que ela precisou para ver os filhos crescerem com o mínimo de conforto e dignidade.

Hoje estão adultos, cuidando de si, apesar de não terem prosseguido nos estudos.

Sua autoridade não foi tanta a ponto de tê-los convencido que a vida só melhoraria caso tivessem estudo. Ela mesma não tinha avançado muito. Lia um pouco, escrevia menos ainda. Assinava bem o nome.

Por ela, os rebentos teriam uma história mais próspera para contar.

Mas as mulheres foram logo arranjando casamento. Já viu, né?

Ela ia assim. Sentindo os pés reclamarem. Contando os dias para o final de semana. Era quando se livrava das botinas e colocava os pés no chão. De onde só saíam para entrar numa sandália rasteira.

Era o seu prazer maior. Podia ter churrasco, festa, namoro. Mas não havia maior deleite do que libertar os dedos. Do que libertar-se.

Pensando bem, a situação nem era de todo má. Dia desses, tropeçou num galho pesado e quase caiu. Estava certa de que se os pés não estivessem tão protegidos, o estrago seria feio. Muito pior. Podia estar de atestado a essas alturas.

Mas estava ali. Não reclamava. Na verdade, reclamava. Mas só do sapato apertado.

SEM AMARRAS

A menina cresceu.
Cresceu sua saia.
Saiu a brincadeira de roda.
Mas não a vontade de rodar.
Lembrava-se de quando brincava assim. Livre. No começo, devagar. Depois, sob uma velocidade que aumentava até fazer seus braços abertos sumirem – refletindo a mistura de todas as cores, da sua cor que se esvaía ao tempo em que acelerava.
Lembrava-se das reprimendas que iam surgindo.
Você vai ficar tonta.
Cuidado para não cair.
Mas era isso que buscava.
Quando já não suportava manter-se de pé, se entregava ao chão. Corpo amolecido.
Entorpecido.
Fechava os olhos e sentia o mundo girar.
Desafiava o mundo.
Sabia que dali a instantes ele estaria estático de novo.
Redondo. Mas devagar, quase parando.
Ela, ela tinha urgências.
A menina cresceu.
Já não havia outras mãos para brincar de ciranda.
Já estava longe a infância.

Mas, por dentro, ela continuava menina. E com pressa.

Podia girar.

Como era menina, também e ainda, precisava de um brinquedo.

Buscou na memória. Encontrou-se rodopiando e sendo rodopiada por um aro plástico.

Alimentou o desejo de ter um.

Como não era mais menina, sentiu vergonha do intento.

Imaginou-se carregando o objeto pelas ruas – entre a loja e sua casa – onde finalmente poderia recobrar a liberdade.

Não suportou a imagem.

Todos saberiam que era para ela. Que ela queria, a despeito de ser mulher, brincar feito criança.

Onde já se viu?

Compartilhou a aspiração com os mais próximos.

Onde já se viu?

Perguntaram.

E de repente, ela já não queria saber onde.

Não queria respostas e nem faria perguntas.

Não aceitaria amarras.

E decidiu.

Como a provar que estava certa em prosseguir, encontrou um tipo que nunca tinha visto antes. Desmontável. De encaixe.

Com ele em partes e encaixotado, poderia chegar em casa em segurança.

Ninguém sequer suspeitaria o que carregava na sacola.

E a sacola carregava mais do que um objeto.

Ela sabia.

A partir daquele dia, a mulher vira menina e vira mulher que vira menina.

Sua alma apenas gira. Por horas.

Sem que caia.

Giram a menina e sua saia.

Saiu o medo.

Entrou a brincadeira de rodar.

Ela tem um bambolê.

O SUSTO

A moça se assustou.
Era mulher.
Feminina.
Sexo feminino.
Questão de gênero.
A moça se assustou. De repente, tomara consciência disso. Da pior forma.
Como uma má notícia transmitida por telefonema na madrugada.

A moça era açoitada pela sua realidade a cada passo, a cada gesto, a cada decisão, a cada atitude, a cada respiração.

Existir era motivo de susto.

A moça se assustava com as palavras do delegado.

A moça se assustava com as notícias do jornal – davam conta do número de mulheres assassinadas. Do padrasto que estuprou a enteada, para se vingar da mãe da menina. E gritava isso enquanto consumava o ato e consumia vidas que ficariam vivas, no entanto.

A moça se assustava com as palavras e promessas de amor – concluíra que eram estratégias de manipulação. Como ademais, todas as mentiras.

A moça se assustava com o silêncio.

A moça se assustava com estar dentro de casa ou estar na rua.

Não se sentia segura, ela.

Não devia mesmo. O mundo estava mudado. Esses eram outros tempos.

Uns que as moças e ela mesma ousaram pensar que eram novos e melhores.

Eram outros. Porém, tão antigos quanto. Pareciam mesmo piores.

A moça contabilizava perdas. E esperava que o tempo passasse para que entendesse. Em verdade, em muitos casos, eram ganhos.

Ganhos dela mesma.

Deixava de ser usurpada e abocanhada no que tinha de melhor.

Deixava por decisão mesma dos usurpadores – decerto cansados de sua lida.

Decerto cansados de tanta malevolência, de tanto engodo, de tanto enredo, de tanta artimanha, de tanta fealdade.

Benditos os que se cansavam de sua luta e largavam a moça, acusando-a de tantas coisas.

O passar do tempo a aliviava.

O passar do tempo limpava seus caminhos.

E fazia com que enxergasse melhor. Mesmo que nunca com nitidez suficiente.

Nas lentes da moça, havia algo que insistia em afastá-la do enxergar. Ela devia se manter incólume e imune a algumas verdades que apenas parecia intuir ou farejar de longe.

Todo dia era como se banhar em águas caudalosas. Salgadas. Com poder de cura.

Todo dia se limpava.

Todo dia se afunilava em si porque menos povoada.

A moça gostava desses rumos.

Acreditava na vida.

Como o menino do Morro de São Carlos.

Por vezes, queria desistir de tudo e de todos.

Achava até que consolidava a decisão.

De uma forma em que não morria, como podia parecer óbvio.

Ao contrário, renascia.

Ao contrário, se refazia.

Ao contrário, entendia tanta coisa.

E se desentendia.

Mas seguia.

Porque na estrada que a moça tomara, o único rumo era esse.

Continuar.

Mesmo sem saber bem onde ia dar.

Não era isso o importante.

Porque como dizia o poeta preferido.

O importante não era a viagem.

O importante, para a moça, era a paisagem.

LÁ VAI MARIA

Dona Maria de Lourdes é pessoa simples. Do povo.

É daquele tipo que chamam de invisibilizado.

As pessoas passam por ela. Nem todas a veem.

Está ali entre seus pares. De uniforme verde e alaranjado.

Varre. Cata. O que cada um deixou pelo caminho. De vez em quando, carrega um pincel e um balde de tinta.

Precisa iluminar. Não deixar que apaguem os muros. Que pintem tudo de cinza.

Dona Maria de Lourdes passa cal no meio-fio.

Pinta de branco a beirada do chão para torná-lo visível.

Ela mesma.

É daquele tipo que chamam de invisibilizado.

Mas que nada.

Dona Maria de Lourdes é mulher.

Ela se vê.

Sabe a força que tem.

No trabalho, faz o que deve fazer.

Concentrada. Esforçada. Não há fiscal que tenha uma palavra errada para lhe dizer.

Basta chegar em casa. É Lourdinha. Querida. Esperada.

Transforma-se em outras porque é capaz de ser muitas.

Faz comida, dá carinho, tudo de fio a pavio.

É a alegria da rua. Fala alto. Come churrasco. Passa batom.

Pinta a unha, o olho, pinta de alegria e esperança todos os que passam pelo seu caminho.

Dona Maria de Lourdes não passa em branco.

É arco-íris.

É verde-esperança.

É azul-celeste.

Aliás, esse é o seu tom preferido.

Desde 2014, ela é a responsável por pintar o céu de Brasília.

O mesmo que chamam de mar.

O mesmo que inspira casais em momentos apaixonados.

Dona Maria de Lourdes só sabe espalhar.

Tinta em opacos.

Cores.

Ô mulher danada, ela.

Só podia ser Maria.

Lata de tinta na cabeça.

Lá vai ela.

TRÊS ANOS NÃO SÃO TRÊS DIAS

Quando parecia não haver mais esperança, eis que esbarrou em um folheto. Foi coisa mesmo de destino. Não de coincidência – até ali fora levada a crer que não existia isso.

Mas, no pedaço de papel em seu corpo, espantado pela rajada de vento, estava escrito: "Trago seu amor de volta em três dias".

Não acreditava também nisso. Por que esse número? Qual a razão dessa quantidade de dias – poucos, na verdade, para uma investida tão rigorosa?

Aquele amor, se é que era, se é que houvera sido, já havia partido há tanto tempo. Deixando até dúvida sobre sua existência.

Aquele amor deixara um sem-número de dores e vazios e raivas e vontades e desejos e calores e quenturas e líquidos e sequidões. Deixara ódio. Deixara uma solidão sem precedentes e sem nome, porque aquilo era pior que solidão. Mas não conhecia o que podia ser.

Então precisariam de três dias para trazer de volta o que levara um infinito sendo vivido e já há séculos partira?

Pensou ter decorado o número. Repetido mentalmente tanto quanto possível, antes que amassasse o papel jornal, mais amarelado do que de costume, e o jogasse na sarjeta.

Não merecia sequer uma lata de lixo. Foi para o chão.

Mas e o número? Seria capaz de reproduzi-lo?

Batucou o aparelho. Titubeou. Tentou de novo. Inexistente.

Voltou ao lugar. Procurou algum indício do panfleto atirado na rua. Gostaria até de achar outro. Mas o tempo estava parado. As árvores não se mexiam. As saias não levantavam. Os papeis amassados não esbarravam nos corpos dos passantes. Continuou andando a esmo. Pondo o destino à prova. Confrontando as coincidências.

Nada.

Aquele amor deixara um sem-número de dores e vazios e raivas e vontades e desejos e calores e quenturas e líquidos e sequidões. Deixara ódio. Deixara uma solidão sem precedentes e sem nome, porque aquilo era pior que solidão. Mas não conhecia o que podia ser.

A indefinição lhe roubava toda a energia.

Sentia-se como um saco vazio. Não parava em pé. Não parava. Não se aquietava.

Foi quando em lugar oposto àquele, quase bateu a cabeça.

Olhava para baixo quando foi surpreendida por uma coluna ou um poste que parecia ter surgido de repente.

Com o susto deu um impulso para trás.

Foi quando conseguiu ler, ajudada pelo distanciamento, em um cartaz desgastado. Posso ser seu amor por três dias.

Logo abaixo, um número de telefone.

Intrigada e com um sorriso cúmplice, discou.

Dali mesmo. Para não cometer o mesmo erro. O do esquecimento.

Ao alô, seguiu-se um encontro marcado.

Estão juntos há três anos.

AQUELA MULHER

Aquela mulher é arretada.

Macho, a bichinha é cearense.

E traz no sangue o que o sangue daquele povo de lá traz.

Uma força enraizada, uma capacidade de sobrevivência às intempéries, que hoje seria chamada de resiliência.

Macho, ô bichinha resiliente.

Talvez, falte um fechamento em como resolveu aquele causo, mas isso também sob as lentes atuais.

Há quase quarenta anos agiu bem. Fez bonito.

Descansava o barrigão do décimo e último filho, com os pés para cima, tomando a brisa rara que aquele solzão deixava passar.

Da rede, ouviu. Mulher, me traz um café.

Sentiu-se impossibilitada de atender.

Aquele cansaço. Aquela deitação estava muito boa para ser interrompida assim, sem nem ser considerada.

Fez que não ouviu. E repetiu a indiferença.

Chegou mesmo a dizer um não. Em alto e bom som.

Mas sentiu a fúria despertada.

Viu o fio da navalha piscar os olhos encandeados pela luz do dia. Viu o homem se aproximar com o facão na mão.

Antes que o punho da rede fosse cortado e ela caísse no chão derrubando também o filho que trazia no ventre, deu um pulo certeiro e se safou da queda.

Mas aquilo trouxe um desgosto tão grande àquele coração interiorano, que tomou uma decisão para a vida toda.

Aquele homem, que não a merecia, jamais tocaria seu corpo de novo. Não o consideraria mais seu par. Com ele não faria sexo – mesmo que a procurasse.

Saiu da relação sem sair de casa.

E sonhou por décadas em ter o próprio lugar para morar.

Todo mundo que veio depois e mais os que já estavam, ouviram falar daquilo: um dia, tomara, teria um dinheiro para bancar a própria moradia.

Se livraria da presença do traste.

Não seria obrigada a vê-lo entrar, sair, falar suas asneiras, demonstrar sua bruteza. Mais do que não dar seu corpo, não daria nada. Nem o café, nem o almoço, nem o jantar, nem a casa limpa, nem a roupa lavada.

Não precisaria trocar uma palavra sequer.

Não precisaria dirigir-lhe o olhar.

Aí, sim, estaria realizada.

Mas isso nunca aconteceu.

Não se sabe a razão.

Talvez, tenha faltado essa força. Essa compreensão. Esse empreendedorismo. Essa coragem. Ou mesmo o vil metal, como ela acreditava.

Tantos anos. Ninguém ignorava o seu sentimento. O seu asco.

Era tudo visível. Ela não escondia. Ela fazia caras e bocas. Ela contava sua história.

Eita mágoa grande.

Macho, aquela mulher estava ferida de morte desde então.

Chegou a morrer mesmo. Uma parte dela e de sua vida se foi quando aquela rede encostou no chão. Na hora do salto.

Bom está é agora.

Na velhice que faz antever a chegada do fim, eles continuam juntos.

Dividem o mesmo teto.

As mesmas agruras.

Que agora são outras.

Daquela questão das antigas tudo foi esquecido. Não se fala mais disso.

Há algum tempo estão em lua de mel.

Sem as torturas da lembrança.

Até parece tudo novo.

Como vivem bem.

É que ela esquece.

E ele não escuta.

A ANTIBAILARINA

Não deu para saber se a menina estava feliz e orgulhosa. Ou se os padrões do mundo já haviam dominado sua autoestima. O que sei é que a cena parecia saída de um filme antigo. Podia ser Chaplin e seu vagabundo roto.

No ponto de ônibus, acompanhada por uma mulher, sua mãe talvez, ela perscrutava os livros encardidos e amassados dispostos na estante do projeto de incentivo à leitura.

Tinha o olhar um pouco baixo e opaco. Diferia nisso do tradicional aspecto vivaz das crianças de sua idade.

Não devia passar dos sete anos. Bem menos. Entre quatro e seis. Era miúda e longilínea.

Vestia uma roupa de balé. Mas não havia na roupa nem na menina o glamour das bailarinas a que estamos acostumados.

Seu colã era rosa-claro. Não que tivesse nascido assim. Tornou-se. Gasto pelo tempo, perdeu as nuances. A cor quase não existia. Era necessário um esforço dos olhos para enxergar a pigmentação de outrora.

Hoje exibia mais um amarelo do que qualquer outra tinta.

A saia ou tutu já não se erguia sobre a textura do material. Ao contrário, era murcho e caído como folhas dormidas. De tão carente de arqueado, quase grudava nas pernas da criança.

Embora não estivessem tão esmaecidas quanto o maiô, as meias também pareciam sombras do que já foram. E estavam furadas com rasgos meticulosamente arredondados, como se tivessem sido feitos à mão. Petit-pois.

Havia um coque no alto da cabeça. As mechas já se soltavam de lá. E a parte de cima, que devia estar penteada e rente ao couro cabeludo, fazia ondulações como uma montanha-russa.

A imagem da menina era a da antibailarina.

Mesmo assim, ao tempo em que extrapolava a representação do que era ou do que vestia, exprimia as possibilidades de um vir a ser.

Simbólico e necessário, o traje haveria de ser o menos importante. Valia a aproximação a uma dança que ainda cheira à tinta de suntuosos palcos e palácios.

Aquela menina não devia estar usando a roupa – vilipendiando-a, na verdade.

Aquela menina não deveria saber de balé.

Aquela menina não devia tentar se igualar a quem realmente é permitido dançar sobre a ponta dos pés.

Aquela menina, tão pequenina, parecia assustada, afinal.

Com o que conseguia ser e sentir. Quando usava aquelas peças rosa-amareladas.

Era vesti-las e se sentir capaz de tudo. Não apenas dançar.

E não importava se havia quem pensasse que ela vilipendiava o traje usando-o de forma tão desleixada. Ou que não deveria saber de balé. Ou que não deveria tentar se igualar a quem realmente é permitido dançar sobre a ponta dos pés.

Importava que aquela menina, tão pequenina, podia voar.

DEIXEM EM PAZ NOSSAS VAGINAS

A notícia estava em um jornal paulistano e me animou. Coisa rara hoje em dia é sair com boas sensações de uma leitura desse tipo. São Paulo fez sua primeira prisão por "crime de importunação", recentemente tipificado. Prática de ato libidinoso na presença de alguém sem que essa pessoa dê seu consentimento. Previsão de um a cinco anos de confinamento. Serve para enquadrar os desavisados que fingem dormir enquanto tocam mulheres em transporte coletivo lotado. E serve para tantas outras atitudes juridicamente chamadas de "importunação".

O alívio da boa nova, no entanto, durou pouco. Em um periódico carioca, a informação (recorrente) de que homem se passa por motorista de aplicativo e estupra uma passageira.

E eu grito para dentro. Deixem nossos corpos em paz. Deixem que tenhamos nossas vaginas, sem que isso represente um risco a todo instante. Escolham outro algoz, outro crime, seus bandidos. Ou seus mocinhos travestidos.

É. Os mocinhos que fazem parte da nossa convivência ou que entram em nossas vidas fingindo querer fazer parte da nossa convivência também têm praticado sua importunação descarada. Também têm nos atacado. Ferido. Sangrado. Enfiado mãos sorrateiras por dentro de nossas almas. Deixado um rastro de destruição. Apatia. Descrença. Fealdade.

Chegam como quem não quer nada. Permanecem como quem quer tudo. Vão embora como quem não existiu. No silêncio insidioso que estupra nossa vontade de viver. No grito oculto que fere nossos tímpanos.

Nossos ouvidos querem ouvir verdades. Nosso corpo quer se recostar com entrega e confiança. Não precisamos dormir com o inimigo. Não há tempo para nos recompor.

Não aguentamos mais ouvir que é possível ressurgir das cinzas. Que devemos nos desconstruir. Deixar ir. Aprender com o erro. Crescer com ele. Desapegar-se. Que amanhã, outro dia.

— Quantas vezes mais? — pergunta-me uma amiga.

Ora, mocinhos travestidos, deixem de desfaçatez. Melhorem. Tenham responsabilidade afetiva. Tirem a carapuça de "agressivos-passivos" que tanto lhes cabe (o conceito, outra amiga me apresentou). Encarem as supostas fragilidades – ferindo a si mesmos. Incorram em contravenções usando a própria subjetividade. Nos deixem em paz. Deixem em paz nossas vaginas. Tirem as garras das nossas almas.

Engulam seus silêncios. Enfiem suas mentiras. Masturbem seus enganos. Gozem na falta de caráter. Penetrem a infidelidade. Osculem a deslealdade. Endureçam suas fraquezas. Receitem Viagra para o papo mole. Tirem a camisinha do cérebro. Empreendam relação abusiva com suas sombras. Empalem o mau-caratismo. Soquem no próprio olho. Chupem o degredo. Se toquem. Fodam-se. Fodam-se todos.

Deixem-nos em paz. Deixem em paz nossas vaginas. Tirem as garras das nossas almas.

Nosso corpo quer ser recostar com entrega e confiança.

ROSA

Rosa abriu a porta para mim.

Tomava conta da casa e de mais três crianças. Uma delas, minha filha.

Rosa me sorriu um sorriso largo. Não protocolar. Espontâneo. Feliz.

Eu gostei de Rosa. Na mesma hora. Ela despertou em mim um lugar conhecido. Talvez pelo tom da sua pele. Talvez pela fartura de suas carnes. De seus peitos. Mãe preta. Daquelas que ofereceriam um colo.

Foi de lá, do colo de Rosa, que disse sim aos pastéis fritos na hora a mim oferecidos. Embora não devesse comê-los, era Rosa quem os ofertava.

Entrei na casa. Apresentei-me e dei dois beijinhos. Foi então que soube seu nome.

Rosa tinha uma jovialidade que me confundia. Tanto podia ter para mais de sessenta anos quanto vinte e poucos. E o que sobrasse podia ser reputado à vida de mais sortilégios do que sortes empreendida por Rosa, uma vez estando nesse mundo.

As meninas pediam mais pastéis. Mais bolinhos. Entre uma vassoura que tinha de ser encostada no canto para que pudesse lhes fazer os gostos e o continuar com a lida do trabalho, Rosa exalava paciência. Chegava a ser sabedoria. Daquela que corre nas veias do seu povo e ensina que sobreviver requer estratégia.

Não reclamava. Não dizia nada sobre incompatibilidades entre cuidar de crianças e cuidar das coisas. A patroa estava era logo ali. Chegaria pouco depois das 19h.

De onde estava, pois Rosa parecia onipresente, apesar de que pouco se fizesse perceber tão discreta que era, eu a escutava tossir. E como gostasse de dizer seu nome, eu perguntei: E essa tosse, Rosa?

— Ai, não sei. Uma patroa disse que acha que é alérgica.

E contou alguma saga na busca por serviços públicos de saúde.

Eu, íntima de toda sorte de tosse, acometida desde criança por sinusite, pneumonia, bronco, isso e aquilo, fiquei intrigada com aquele som. Gutural. Visceral. Nem seco. Nem cheio.

Não compreendi a tosse de Rosa. E foi pior para mim, pois ela se repetiu, a tosse, à exaustão.

Saímos da casa na mesma hora. Rosa aceitara uma carona. Em todo o percurso, um tanto longo, e mais nos engarrafamentos que pegamos até a rodoviária, Rosa tossia. Fazia frio. Abri mais os vidros. Tentei fechar os ouvidos. A viagem não acabava. Porque não acabava a tosse de Rosa.

Pensei nela nos próximos dias. Perguntou-me se eu teria alguém para indicar os seus serviços. Havia espaço em sua agenda. Pensei nela nos próximos dias também porque sonhei em ser a pessoa que contrataria Rosa nas terças-feiras.

Foi então que recebi o telefonema.

— Sabe Rosa? Ela morreu. No meio da rua. Infarto fulminante.

Continuei pensando nela. E essa tosse, Rosa?

O FEITO DE CHICA

A frase podia dizer nada. Não ter meio. Ou final. Para mim, estava perfeita. Quis anotá-la. De tanto querer, não tomei a iniciativa. Meio para não a gastar. Meio para não perder o que ainda vinha sendo narrado. Teste para a minha capacidade de reproduzi-la sem o apoio do caderninho.

— Foi Chica quem me fez leitora.

Remexi-me na cadeira. Pensei que coisa linda era aquela de ter sido feito leitora por Chica.

A frase veio seguida de um questionamento interno. Daqueles que se nota pela direção do olhar de quem questiona. A confirmação, já sabida, veio por um meneio de cabeça. Estava claro. E certificado.

Foi Chica quem me fez leitora. Repetiu.

Chica era a funcionária da escola do interior da Bahia. A mesma escola que não abrigava biblioteca. Como, ademais, todas as outras que a hoje mestranda da Universidade de Brasília frequentou entre infância e adolescência.

Fosse por aquela contundente ausência, a de biblioteca, corria o risco de ter passado boa parte da vida sem saber de livros. De escrever. De ler. De estudar. De conhecer sua história.

Mas, no meio do caminho, havia Chica.

Por algum motivo, Chica sabia que fazer uma leitora nesse mundo de meu Deus era como plantar uma muda de baobá.

Haveria de se espalhar dali tanta força vigor sombra abraço braço sabedoria silêncio palavra. Haveria de ser raiz que tudo rompe. Haveria de ser copa que tudo abarca.

Fez à menina uma oferta. Ali, na escola, biblioteca não havia mesmo. Mas havia livro. Um tantinho. Guardado como tesouro. Na secretaria. Se ela lesse um e fizesse uma espécie de registro ou fichamento só para garantir o cumprimento da missão, receberia outro e mais outro.

Sem certezas, a pequena aceitou a oferta. Forjada leitora. Pensadora. Questionadora. Escrevinhadora.

Quando mudou de escola, perdeu Chica. Mas a semente estava dentro. Procurou biblioteca. Achou livro. Um tantinho. Guardado. Quase escondido. Já sabia como procurar. Já sabia o que queria encontrar.

Tanto tempo separava – o dia em que Chica havia definido seu futuro – e o dia de agora.

Diante dos colegas da oficina de escrita criativa, fazia as contas. São 140 exemplares.

Comprados com seu dinheiro. Acervo inicial da própria biblioteca. Com ele, sente-se vingada. Mesmo que ainda guarde certa raiva das escolas sem bibliotecas ou com bibliotecas pouco frequentadas.

Sem livros não fica mais. Os olhos se acendem. É coisa de quem tem certeza. 140.

Por algum motivo, Chica apagou os desfechos que há muito se pretendem imexíveis. A menina da pele escura. Do cabelo crespo. Da distância das sabedorias encadernadas fez outro caminhar. E foi Chica a primeira responsável por ele.

UM PASSADO FELIZ DE MULHER

Antes daqui não há passado. Ninguém sabe detalhes da sua vida. Não há velha amiga íntima que tenha convivido com seus pais, que tenha crescido junto, dividido os primeiros segredos adolescentes, que saiba quem foi a primeira paixão da escola, sequer para dizer se houve escola.

Ninguém sabe se nasceu aqui. Se veio para cá junto aos pais bem colocados profissionalmente no governo. Se fugiu de abusos por parte do padrasto e pegou carona na estrada, subiu na boleia de um caminhão caindo aos pedaços. Se veio num ônibus malcheiroso varando madrugadas entre choro e vômito alheios.

O que se sabe é que, mulher feita, era bonita. Gostosa. Do tipo arrasa-quarteirão. Talhada para dar e sentir prazer. Uma Geni buarqueana, ora bendita, ora maldita. Gozou suas águas turvas. Recebeu da mesma substância. Foi paga com a mesma moeda.

E como dançou. Porque se fudeu e porque dançou mesmo. Ao som da música chiada daquele bordel, aos fundos do Conic.

Bonito de se olhar, cheio de lascívia.

Naquela calcinha sem charme entraram notas, dedos, paus. Mas ela girava. Contorcia-se como bailarina russa. Era para seduzir. Precisava comer, beber, comprar perfume barato, maquiagem de chumbo. Era necessário se fazer bonita. E se fez.

Foi o que pensou o espanhol que enxergou, além da carne, a possibilidade de uma alma. A vida na Espanha era bem melhor do que a noite enfumaçada, suada, fedida.

Ela foi.

Continuava bem mulher. Mas não da vida. Resgatada, cumpriu o papel. Como esposa, deu ao seu homem o que ele mais queria: um filho. Um fruto. Um varão.

Era respeitada.

Mas depois da última briga.

Podia ser mãe e esposa. Podia até mesmo amar. Mas levar tapa na cara? Grito no ouvido? Dedo em riste? Isso não.

Nem sabe como aconteceu. Chegou na porta da antiga boate. Já não havia porta. Nem boate. A Beth's deixara todos os clientes na mão. Vendida para a igreja. Cacete.

Não precisava mesmo. Era outra. Nem poderia ganhar a vida à custa do corpo, do gozo, das chupadas, nem precisava de muito. De nada. Só da rua. Só um trago. Só o crack. Que novidade boa era aquela. Deixava torpor, levava falsas verdades.

Entregou-se. Mais uma vez. Já não passava de um amontoado de pele enrugada e ossos descobertos. Deixava antever o que fora, quando olhada com atenção. Para evitar ficar desnuda, ficou agressiva. E afável. Batia de punhos cerrados nas costas de quem lhe negasse um cigarro ou uma moeda. Outro dia, chamava de gatona e soltava beijinho para as mulheres que ainda eram.

De repente, alguém lembrou. Chamava-se Ceci. Naqueles tempos ainda. Hoje, não se sabe. Antes daqui não há passado. E nem futuro.

SOBRE TUDO. SOBRETUDO

Sobre ser mulher.
Sobre a dor e a delícia de ser o que é.
Sobre feminicídio.
Sobre relacionamento abusivo.
Sobre golpes de supostos companheiros.
Sobre cyber revenge.
Sobre Ni Una Menos.
Sobre Nenhuma a Menos.
Sobre Machismo Mata.
Sobre "Somos todos...".
Sobre abuso emocional.
Sobre 180.
Sobre Maria da Vila Matilde.
Sobre posse.
Sobre estupro.
Sobre Lei Maria da Penha.
Sobre violência psicológica.
Sobre violência sexual.
Sobre violência patrimonial.
Sobre violência moral.
Sobre o Grupo Livre de Abuso.
Sobre não andar só.
Sobre atravessar a rua ao avistar um homem. Ou vários.

Sobre a faixa "Se organizar direitinho todo mundo transa".

Sobre coação.

Sobre beijo forçado no Carnaval.

Sobre assédio.

Sobre Apito contra Assédio.

Sobre traição.

Sobre conversas no Messenger do Facebook.

Sobre mensagens no WhatsApp.

Sobre pegar táxi.

Sobre pegar Uber.

Sobre transar na primeira noite.

Sobre transar.

Sobre *manterrupting*.

Sobre *bropriating*.

Sobre *mansplaining*.

Sobre *gaslighting*.

Sobre #ElesPorElas.

Sobre o Pequeno Manual Prático de Como Não Ser um Babaca no Carnaval.

Sobre agressão homofóbica.

Sobre o Movimento Vamos Juntas?

Sobre empoderamento.

Sobre sororidade.

Sobre Minas de Vermelho.

Sobre Indique uma Mana/DF.

Sobre tudo.

Sobretudo.

Nós.

HOJE É DIA DA CONSCIÊNCIA, NEGRA

Hoje é dia da consciência, negra.
Olhe para você.
Seus cabelos. São aqueles por onde a água não entra. O pente não entra. Os dedos não entram se quiserem ali fazer carinho, negra. Daí, sua solidão de mulher negra. Você vai ser trocada por uma com quem se possa passear no shopping. Você vai ser trocada por uma que se possa apresentar à família. Você vai sentar e perceber as lágrimas caírem com a agressão sequer alcançada por seu entendimento de menina-negra.
São outras mãos passando ferro quente. São outras mãos te encharcando de formol. Formol, negra. Aquele produto que serve para conservar defuntos. Gente morta, negra. E a voz de quem já passou por isso vai se fazer ouvir. São outras mães-negras. Explicando quase nada. É que você é assim. Negra. Assim. E você nem entende.
Hoje é dia da consciência, negra.
Olhe para a sua pele. Negra. Tão opaca que faz papel de lousa. Quadro negro. Será riscada. Arranhada. Pintada. De cinza. De branco. Escreve nela. Se inscreve, negra. Você vai ver que ali nos dedos haverá grande separação. Do outro lado, clareia. Avermelha-se. É ali onde jorra o sangue. Embaixo dos seus pés, também.

E sua buceta, como é? Escura demais. Eles respondem. Daí, sua solidão de mulher negra. Você vai ser trocada por uma rosada, daquelas que se gritam na Rússia. Daquelas que vão para a cirurgia. Ninfoplastia. Para aumentar a sensualidade. Melhorar a sexualidade. É o que dizem.

Hoje é dia da consciência, negra.

Veja aí os dentes como estão. Não é coisa do passado. A cavalo dado não se olha o dente. Mas os seus. Você não é cavalo. Negra. Serão analisados. Sorria. Você está sendo filmada. E seguida. Na loja. No supermercado. Você vai sentir aquela presença quase invisível. Mas você está sendo vista. E vão dizer. Nada, não. Você está enganada. É que você é assim. Negra. Sensível. Cria coisas. Eles têm amigos. Assim.

E você é assim. Negra. Abra as pernas. Tira a roupa. Vamos ao banheiro. Chamem os seguranças. Desculpe por quem se sentiu atingido. Ofendido. Não foi a intenção. Aqui primamos por toda forma de combate, negra. Combate. Bate. Bate que a porta se abrirá.

Mas você é cheia de lassidão, negra. Tanta carne. Boa mesmo para ir para a cama, negra. Cuidado quando estiver lá. O mundo já tem gente demais. E se vier um rebento aí. Coisa abençoada. Criança. Coisa mais bonita do mundo. Não a deixe solta, negra. Nada de rolezinho. Nada da concessionária de carro importado. Nada de lanchonete americana. Não pode. Não pode pedinte. Aqui.

Hoje é dia da consciência, negra. É para discutir a inserção do negro na sociedade brasileira. A sociedade. Negra. A inserção. O que você faz aqui? Seu lugar era lá. Noutro. Na casa grande.

Trabalho. Dá o peito, negra. Ao patrão. Ao filho dele. Não com você. Esse você (a)tira. No lixo. Ou mata. O mundo já tem gente demais.

Hoje é dia da consciência, negra.

Brilhai.

DIA DE FESTA

Abaixo do vestido de noiva, não havia tapete vermelho. Nem placas de vidro emoldurando pétalas de rosas. Não havia rosas.

À passagem da noiva, não irrompiam efeitos de luzes.

Das paredes e teto não pendia o efeito suntuoso de milionários projetos de ornamentação. Não havia paredes e teto.

Havia o território. A comunidade. As árvores. As casas de palha. A capela de alvenaria. Tempo a céu aberto.

Para pisar o chão batido que levantaria pó não fosse a chuva que caiu naquele dia, ora sendo abençoada, ora sendo maldita, os noivos atravessaram antes as águas.

Do rio.

À espera da noiva, não havia sacerdote. Nem formalidades.

Apenas tradição.

Os convidados chegaram a esse não-lugar por suas próprias pernas. Nada de disputar a marca mais cobiçada e o modelo mais novo de carro. Não havia carros.

Vestiam as roupas de festa. Que não passavam das melhores roupas do dia a dia.

Não havia cores exclusivas. Tudo era permitido. Até as chinelas de dedo.

O dia era solene. E isso se via nas fisionomias.

Da noiva o vestido era branco. Ou amarelado. Não se sabe se já vestiu outras nubentes ou se foi feito para Cinaira.

Dalvan estava como manda o figurino. Terno escuro. Gravata de nó frouxo. Torto. Sapatos um tanto puídos, vermelhos de barro.

Jovens ainda — 16 e 19 anos —, seguiam as coisas do seu lugar. Como tinha de ser.

Uniriam os lábios no ápice do consentimento dado à união em frente à fogueira — item obrigatório para ocasião como aquela.

Titina e Zezinho, os pais de Cinaira, deixavam antever uma ponta de saudade do rebento, antes das modas do casório.

Entregavam de bom grado a filha. Ao companheiro. E como estava bonita de ser ver. A força. A pele preta. Lábios vermelhos. Brincos pendentes das orelhas. Colar no pescoço. Enfeite na cabeça. Véu escorregando pelas costas.

O sorriso.

As três flores do mato — uma branca, uma vermelha, uma amarela. Acolhidas em folhas verdes. Viçosas. Buquê que não jogaria para ninguém. Cada um que case a seu tempo.

Dalvan oferecia o braço. Promessa de tudo de melhor que pudesse ser e fazer pela jovem desposada.

A alegria ficaria escancarada já já.

Quando fosse a hora de beber, comer e dançar.

Umas cervejinhas tinham vindo de Brasília. Já os petiscos eram coisas da terra.

Ninguém resistiria a uns saracoteios.

Era por causa da música tirada da velha sanfoninha e do triângulo.

Tudo coisa bonita.

De casamento Kalunga.

Agora tudo meio que espantado. Pela chuva.

Caiu. Desabou. Molhou. Aquela gente simples e nobre.

Abençoou.

Era dia de festa em Vão das Almas.

Sei disso porque o feito foi fotografado.

E, das fotos, vemos mais do que a cerimônia.

Está ali tudo o que importa.

Aquela gente é que sabe.

E faz a generosidade de nos mostrar.

OLHOS EM FAÍSCA

Antes de me cumprimentar, seu olhar já parecia perdido em reminiscências.

Pareceu o de uma criança diante de um sonho realizado.

Pelos olhos saíam faíscas próprias do estado de encantamento.

Giraram para o lado de quem lembra. De quem é engolido por um instante do passado. Capítulo bom de história que não volta.

Tudo isso durou segundos. E o olhar só foi decifrado por mim quando ela saiu, enfim, do transe instantâneo e me disse:

— Eu tinha uma blusa assim. Dessa cor. Desse mesmo tecido. Aí, não cabia mais e eu dei a outra pessoa. Só que me arrependi. Agora que emagreci, ela iria caber.

Foi só então que entendi as faíscas que, sem a explicação, talvez passassem batido, como se diz.

Pensei no que responder. Não havia palavras. Nem razão para buscar dar-lhe consolo diante de atitude que agora parecia insensata. Na época fez sentido e isso era o importante. Mas não me cabia fazer essa mediação.

Também pensei em dizer que a minha blusa era velhinha. O que, ademais, não era um dado relevante. Depois dessa frase silenciada, acrescentaria que, procurando bem, um buraquinho qualquer seria desvendado em sua superfície. Lembrei dele quando a escolhi. Fingi que não sabia porque trocá-la não era uma opção. Não hoje. Quando fui gentilmente convidada a me vestir de rosa para uma contribuição ao mês dedicado à prevenção ao câncer de mama.

Ainda em casa, enquanto tentava amansar com ferro quente o touro bravo das dobraduras no tecido de algodão, considerei que discordava da efetividade da campanha. Não a do mês. Mas a nossa. Uma imagem. Mulheres vestindo a cor escolhida para chamar atenção para a importância da prevenção.

Quanto custa o exame? Quanto tempo se leva na fila de um serviço público para fazê-lo? Qual é a disponibilidade de cada uma de ir ao médico em meio a tantos afazeres?

Eu mesma tinha uma requisição nunca utilizada há mais de três anos, para a primeira mamografia.

E teria que vestir rosa para sair (bem) na foto.

Não falei nada. Talvez, tenha complementado sua narrativa com um sorriso. Não seria nada inédito. Nenhuma constatação que a ajudasse a vivenciar o trauma que agora revivia.

Repeti uma colocação que ela tinha feito. "Eita. Agora se arrependeu." E saí. fazendo a língua escapulir da queimadura iminente ao contato com o café açucarado (foi um erro consentido, julguei precisar adoçar-me neste início de manhã).

Ao sair, pensei na força das lembranças evocadas por gatilhos insuspeitos.

O que teria vivido com o corpo coberto pela blusa que já não tinha?

Por que os olhos foram tão longe quando algo a fez recordar-se do tempo em que o objeto estava por perto?

Como se sentiria se não tivesse cedido à tentação de se livrar de uma peça de roupa que já não servia? Não poderia supor que um dia isso poderia mudar? Tudo muda. *Todo cambia.*

Quando atravessei o corredor, era eu quem tinha os olhos em faísca.

Lembrei-me do macacão amarelo com uma aplicação no bolso. Era preferido quando eu tinha entre sete e nove anos.

FORÇA D'ÁGUA

A água atravessou meu caminho hoje.

Sua ausência me fez valorizá-la.

Não estivéssemos na seca de Brasília, talvez eu não tivesse tanta admiração e reverência aos momentos em que abundou – mesmo que de forma restrita.

Primeiro, foi Ana Terra. Aguava os canteiros da escola.

A missão da pequena aluna não era simples.

Ela era supervisionada e instruída.

Mais água aqui.

Não esqueça de regar aquelas lá.

O cheiro exalado do encontro entre a terra seca e o líquido transparente foi um presente.

Levou-me a Campina Grande. E a um encontro com minha mãe.

Avistei-a plantando tudo o que verdejou na nossa casa.

Eu e minha irmã nas barras de sua saia.

Ela, em flor da juventude (que não enxergávamos, porque era nossa mãe, e as mães são sempre senhoras).

Só agora nossa mãe é uma senhora que, pela força do tempo, não pode mais cuidar daquela terra nem regar flores e frutos. Muitos daqueles pés também não resistiram aos anos. Tantos outros são os que dão cores e vida àquele pedaço de chão que deixamos há muito. Ele permanece dentro. Não nos deixou.

Quando cair chuva na cidade, o cheiro vai se generalizar.

E será momento de devoção às águas.

Pois, aos pássaros, pareceu que era isso que sentiam.

Devoção.

E como souberam desfrutar daquela lagoa.

Era rasa.

Feita de cimento e pedaços de azulejos.

Uma cuba de mosaico fincada no chão.

Sua foz, um balde derramado pelas mãos de um funcionário.

Logo brilhou inundada pelo sol da manhã.

Tremulando, atraiu o primeiro frequentador.

Não um pássaro. Ainda não.

Um marimbondo.

Banhou-se como os índios do Xingu em suas águas sagradas.

Nadou e sacudiu-se como criança em dia de piscina.

Saiu reluzente.

Asas pretas esverdeadas. Renovadas.

Veio outro.

Até que o primeiro passarinho.

Brincante.

Feliz.

Como numa fonte do desejo, oferecia o espetáculo da sua satisfação e deixava um canto como prova de gratidão.

Sua moeda.

Veio outro.

Bicava a água.

Jogava-se nela como moleque que nasce à beira de rio.

Mergulho de entrega absoluta.

Comunhão com o tempo. Com a natureza.

Depois, era tirar o excesso.

Chacoalhar-se como gente. Ou como bicho.

Fazer respingar em quem estava por perto uma gota daquela água.

Seria daquele jeito o dia inteiro.

Fila imaginária.

Nado por revezamento.

Nos arredores, aridez.

Ali, oásis.

Público. Coletivo.

Mas nem todos suspeitariam de sua existência.

Benevolência quase imperceptível.

Aos humanos.

Festa do sol.

Vida é fazer todo sonho brilhar.

Ser feliz.

Com tão pouco.

Com tanto.

O suficiente.

O imprescindível.

Água.

Em tempos de aridez.

De seca.

Tempos de secura para além dos ciclos. Para dentro de si.

O pingo voou até meu braço.

Agradeci.

Em silêncio.

Eu já transbordava.

Comportas abertas.

Represa estourada.

Pela pouca água.

Capaz de inundar as vidas.

Minha.

Dos pássaros. Marimbondos. E a quem mais fosse dado desfrutar.

Com o corpo inteiro.

Com o olhar.

Mergulho imaginário.

Naquele mar.

A BARRA DA AURORA

Agora, sim. A folha. O espaço branco. Está centralizado. Pensei que seria mais um bug sobre o qual eu não teria poderes. Nem sapiência para consertar. Um zoom a mais. Outro a menos. E cá a tenho como deveria ter estado desde o princípio. Tivesse aparecido como sempre fez e eu não teria passado por instantes de desespero.

Com ela assim, ajustada, a folha, resta-me preenchê-la. E agora o bug é meu. Está em mim. E no mistério que toma conta do vir a ser. Porque vir a ser já é mistério. E é sobre ele que eu queria ter poderes. E sapiência. Um zoom a mais. Outro a menos. Com isso, até eu sou capaz de lidar.

Acordei há muito. Não achei palavra ainda. Não seria essa. Despertei. Pulei. Fui sacudida? O fato é que não há ritual. Ressinto-me de não ser como aqueles que apertam o modo soneca no despertador. Umas tantas outras vezes. E que se enroscam nos panos. Ou nas gentes. Se houver. Que dizem não ao raiar do dia. E à fisiologia. E às necessidades. E aos horários.

Quando vem aquilo que não sei chamar o nome. Já estou de pé. Não há vestígios de que, há um segundo, dormia. Talvez, uma remela no olho? Um leve inchaço nas pálpebras? Um risco de baba ressequida no canto da boca? Nem isso. Estou pronta. Para quê?

Repasso meus dilemas. E os alheios. Rio deles, afinal. Dos meus. Respeito os alheios. São tão graves quanto julgaria os meus. Se não me parecessem tolos. Ao amanhecer. À medida que o tempo passa, me engolem.

Ontem, rezei para que o dia seguisse tão leve quanto amanhecera. Em mim. Mas me sei sombras que se agigantam. Até me encobrirem. Até me colocarem em desatino. E, então, acordo. Não. Desperto. Pulo. Sou sacudida.

Que mãos invisíveis fazem assim comigo? Que deuses. Ou demônios? Ora, não veem que preciso de mais horas de sono? De descanso? Não leem a profusão de artigos que dão conta dessa necessidade humana? Deixem-me em paz.

Reclamo.

Mas chacoalhada por uma lufada de sensatez, permito. Isso mesmo. Reclamo. Mas gosto. Já sou capaz de ver a beleza nisso.

Venham mesmo. E entreguem às minhas vistas aquela barra vermelha, a da aurora. Por entre as frestas das árvores. Para além dos prédios baixos. E entre eles. Eu a vejo. E quedo-me maravilhada.

Então foi para isso que me colocaram acesa em plena madrugada. Para testemunhar a escuridão sendo dissipada. Eu agradeço. Gosto mesmo disso.

Queria mais. Queria estar ainda no mais plano do Planalto. Sem as árvores. Sem os prédios. Sem intuir. Sem inventar. A parte que sou impedida de enxergar.

É um espetáculo curto.

Quando volto do banheiro ou da janela em que me escondo para fumar o mais proibido dos proibidos cigarros (dada a hora em que lanço seu cheiro e sua fumaça sobre os que dormem na vizinhança).

Ninguém está satisfeito. Não reclame. Passe uma semana sem reclamar. E verá os efeitos.

Eu vi a barra da aurora. Saí mais cedo que ela. Da cama.

Fui surpreendida pelo vermelho longínquo que cortava a escuridão.

E ainda bem que vi. Pois na volta. Não que eu tivesse me demorado onde estava.

Ela não existia mais.

Eram outras as cores.

Claridade.

Cantar de pássaros.

Não preciso mais me esconder.

Ainda sou luz.

O COLAR DE CORALINA

O filme O colar de Coralina é lento. Não tem um tempo certo. Não tem clímax. Não tem cenas de ação. Nem diálogos profundos. Segue o ritmo do passo claudicante de uma bisavó. Vai maturando como doce que descansa sobre o fogo até que tome forma e sabor. Discorre em um relógio que não é o nosso. O atual. O filme O colar de Coralina é delicado. Como roupa de tecido leve e rendas e bicos. Não tem moral da história. Toca a nossa mão e convida para um passeio leve. Interno. Um enredo que se desenrola por dentro. Com conexões. Lembranças. Afeto.

Entra pela alma de uma criança, que pode ser cada um de nós, e dá sentido ao mundo ainda incerto, mas que se fará entender quando o futuro chegar.

Na narrativa da idosa que um dia fez poesia da poesia, da que sempre esteve dentro, fosse o acontecimento feliz ou triste. Ou tragédia. Como a quebra de um prato ancestral. A busca por um culpado pelo infortúnio.

O filme O colar de Coralina nos põe atrás das retinas de uma menina para quem o mundo era feito de palavras. E histórias.

Nunca esquecimento. Sempre memória.

Inzoneira. Buliçosa. Malina.

A quem se dava castigos. Em quem se batia com palmatória.

Seus delitos? Resguardar em quietude os sentimentos que comporiam sua obra.

A obra de uma criança é sua própria vivência. Significados e tamanhos que dá ao que sai (ou fica) da sua imaginação. Do jeito peculiar como encara a vida.

Costumamos postergar o tempo da criança. Quando crescer. Quando entender.

Ele é agora. À altura da sua pouca altura. Para onde temos que nos baixar. Enxergar. Respeitar.

Sem isso, resta à criança, que pode ser cada um de nós, realizar o esforço de guardar suas sementes. Mesmo sem consciência disso. Mesmo sem saber se a terra que encontrará será fértil ou imprestável.

Em ambas, a promessa do brotar.

O filme O colar de Coralina traz histórias dentro da história. Como bordado que se torna, ponto em cima de ponto. E só assim estará feito.

Tem um pouco de tudo. Medo. Desafio. Opressão. Família. Feminino. Força.

Ausência de uma figura masculina que todos dirão imprescindível. Mas não é.

Do lado de cá da tela, sentimos o cheiro de bolo. De pão de queijo. Da goiabada.

O poder de uma mesa posta como espaço de diálogo. Catarse. Decisão.

Ouvimos e vemos a chuva cair. Sentimos o bafo cheiroso de terra molhada.

Voltamos os pés para a lama onde pularam um dia.

Lamentamos que estejam tão limpos.

Ouvimos as vozes das que vieram antes. Sentimos os cuidados exacerbados sobre nós, meninas.

Vemos a paisagem de um Goiás. Velho. Tão atual quanto entrar na casa que foi de Cora. Pisar as mesmas pedras e porões onde esteve Coralina.

Tocar o coração com compasso de roça. Fumaça de fogão à lenha.

O filme O colar de Coralina é encontro.

Ao qual chegamos atrasados.

Ofegantes. Ávidos.

Pela realização do nosso próprio reinado.

Onde tudo seja paz.

Da cor do prato azul-pombinho.

Mesmo que para isso seja necessário unir. Cacos.

Desejos quebrados.

O QUE OS OLHOS VEEM

Dançarinos em *pas de deux*.
Seres mitológicos. Ou alados.
Corpo de gente. Cabeça de boneco do Giramundo.
Cruz na igreja.
Cristo Redentor – braços abertos sobre um pedaço de chão vermelho.
Eram as possibilidades que eu enxergava nos galhos entrelaçados da pitangueira.
Corpo contido por moldura de pedras.
Para os lados, limites. Opção pelo alto. E avante.
Buraco aberto para abarcar as raízes não tão rebeldes da árvore cujos braços/galhos se enroscavam.
Podia ser tudo.
Terceiro olho. Onisciente.
Guardiã oferecendo proteção.
Hostess dando boas-vindas.
Podia ser qualquer coisa.
Mas era planta.
Onde eu teimava em enxergar formas e vidas além das que verdadeiramente tinha. Era. Apresentava.
Um pouco atrás, vi uma pessoa agachada.
Do ângulo em que aparecia para mim, levava a crer que enxugava um café derramado.

Como demorasse naquela posição não tão confortável, refutei o papel que lhe atribuíra.

E percebi tratar-se de um engraxate.

Que ouviu um sim.

Nesga de profissão tradicional. Quase extinta. Quase distinta.

Hoje não.

O dono do sapato em lustre suporta o contato do homem com o seu corpo porque mantém os olhos fixos na tela do aparelho posicionado à sua frente.

Quase não sobra espaço para a salada de frutas vistosa que chega em seguida. Multicolorida.

Mudo o foco.

Vozes e trechos de conversas se misturam a vários cantares vários. De pássaros.

Penso que apenas eu os ouço.

Todo mundo anda ocupado em conversar.

Em verdade, são monólogos.

Quase discursos em púlpitos.

De tão altos.

Sou obrigada a ouvir o orador mais próximo.

Se falasse de música. De poesia. De espiritualidade. De amor. De alguma coisa desconhecida, mas que me comovesse. De alguma coisa que me levasse junto, de tão companheira.

Falava sobre...

Já tudo me escapou. Graças às deusas.

Sei apenas que falava só. Embora acompanhado. Que nem respirava. Muito menos comia.

Porque ao final da estada, seu *petit déjeuner* foi embrulhado para viagem.

Ou foi exagero. Ou falta de tempo.

De todo jeito foi exagero. No pedido. Na fartura de palavras. Na altura delas. No silêncio de oportunidade do interlocutor.

Devia ser o dia de sorte do engraxate.

Arranjou mais um cliente.

Isso era tão raro. Esses profissionais, outrora do mais alto gabarito, já não passam de andarilhos. Quase pedintes. Suas caixas, disfarces para entulhar toda sorte de objetos suspeitos. Em avaliações mais severas.

Ele não. Mantinha o escovão. Cera. Pano mais ou menos limpo. E com honestidade oferecia seus préstimos. Mesa a mesa.

Cobrou cinco mangos. Ganhou dez. Porque o dono dos sapatos elegantes já tinha estipulado esse valor. Se pedisse quinze, ganharia os dez destinados em pensamento.

Preço justo para o serviço. Pediu cinco, ganhou os mesmos dez.

E essa explicação. Também alcançada por mim.

Pensei que ganharia um café. Mas o terceiro cliente não o dividiu ou compartilhou.

Para o engraxate, ainda e mais uma vez agachado, restava o aroma.

E a herança bendita dos que vieram antes.

SEMENTE POR DENTRO

As estações do ano nunca me disseram muita coisa.
Ou não as quis ouvir.
O que considero um erro histórico.
Pensando bem, lá no Alto do Bodocongó, no nosso terreno, elas desfilavam uma a uma como prometido.
Vinha o sol, o veraneio. As chuvas. De verão. Vinham as mangas. Cajus. Seriguelas.
Vinha a seca. Terra em pó. Vinha o dia de São José. E o milho brotando. A garoa anunciando o mês dos santos. Pouco depois, o floreio dos galhos até ali opacos. E o recomeço dos ciclos.
Nisso reparei. Mas não sabia que se tratava da linguagem das estações.
Aprendi na escola que elas não existiam por aqui. Não falavam com os brasileiros.
Usávamos seus nomes pelo prazer de imitar o que vinha de fora.
Hoje, a natureza fala comigo. Fizemos as pazes.
Esquecemos os dedos que um dia cruzamos num pueril cortaqui.
Onde moro, as estações deixaram de ser seca e chuva.
Para seguir o tradicional quarteto primavera-verão-outono-inverno.

Acompanho uma a uma. Da janela. Na benevolência do dialogar com uma paineira.

Acompanho uma a uma. Nas marcas que deixam no meu corpo. Corpo a corpo.

Nudez.

Abraço. Oferecimento que acolho de mãos juntas. Em concha. Em reverência.

Espiando atenta.

Ouvindo sons. Folhas secas.

Vendo cores. Grama verde.

Sentindo frio. Ar gelado.

Pulando obstáculos. Pé na lama.

Mas hoje é dia de brotar.

De abandonar o acalanto de ser semente.

Para rasgar a casca e deixar irromper novidade.

Renascimento.

De quem esteve escondida.

Se guardando para quando o Carnaval chegar.

Colorida. Festiva. Balouçante.

Fechosa como drag queen.

Avisando com presença. Estou aqui.

Hoje é primavera.

E como agosto tem gosto de desgosto, setembro tem sabor primoroso do novo.

E essas coisas não ditas, feitas para ser sentidas, têm efeito. De fato.

É estreia. E por mais que o tempo não seja assim tão certinho. Eu sei. Verei flores no caminho.

Vi a flor de romã endurecer suas pétalas. Estrela. Fechar-se para ser fruto. Trazer bons augúrios.

Vi tantas flores que não conhecia. Nem via.

E não era primavera. Ainda.

Vi todas as mangueiras exibindo seus bichinhos de estimação.

E era. E sempre será. Primavera.

Tempo de brotar.

Para rasgar a casca e deixar irromper novidade.

Quero cavucar terra fogo água ar.

Vejo flores em você.

Me diz o espelho d'água.

Imaginar um mergulho num mar de rosas.

Oferecê-las.

Sentir o perfume que fica sempre.

Nas mãos que as oferecem.

Toda semana, vejo o buquê chegar.

Nunca é no meu andar.

Dedo verde.

Minha mãe.

Plantando flores.

Sem prescindir das rosas. Em datas comemorativas.

Sem deixar de enfeitar os túmulos.

As flores são da vida.

O brotar é para quem tem.

Semente.

Dentro.

De si.

Da gente.

TERIA SIDO ENGANADO?

As aparências enganam.

Foi nelas que se baseou para tentar uma certeza que jamais teria.

Teria sido enganado?

A moça chegou com ares de desespero. Pedia ajuda. Estendeu a mão com umas poucas moedas espalmadas. Queria mais algumas.

Foi roubada, dizia.

Desejava apenas chegar em casa. Não no Distrito Federal, mas em Goiás.

Precisava de um valor considerável para fazê-lo. Pouco mais de nove reais.

Qualquer acréscimo ao que já havia arrecadado era válido. Não precisava de tudo. Continuaria estendendo a mão até chegar ao suficiente.

Ele não procurou saber como tinha acontecido. Considerou uma necessidade muito grave querer chegar. Não poder.

Em poucos segundos, decidiu atendê-la. Analisou a carteira. Em tempos de dinheiro plástico, não estava bem certo se encontraria ali algo que pudesse minorar o sofrimento que se apresentava em forma de uma mulher jovem, bonita, bem vestida, até.

Carregava uma bolsa. Estilosa.

O objeto podia ser a pista que faltava. Não teria sido levada pelos infratores, em caso de roubo?

Encontrou uma nota. Dez reais.

Era mais do que precisava e que poderia imaginar que receberia de uma só vez, disse.

Quis deixar como troco ou como troca, as moedas que tinha.

Ele não fez questão.

Ela partiu aliviada e agradecida. Deixou bons augúrios. Como é comum em situações assim.

Ele permaneceu. Sentado. Intrigado. Fez a reconstituição dos fatos para, quem sabe, intuir a resposta.

Teria sido enganado?

Ele só viria a ter certeza se desse de cara com a mulher repetindo a cena pelas ruas da cidade.

Era improvável. Mas já ocorrera. Certa feita acreditou nas lágrimas de um rapaz que contava um infortúnio qualquer e solicitava uns tostões para reparar o dano.

Se homem não chora nem por dor nem por amor, deviam ser sinceras aquelas lágrimas.

Aquele dissabor, golpe do destino, era capaz de ter ocorrido. Ajudou.

Não pensou mais naquilo até o dia em que viu o mesmo rosto exibindo o mesmo chororô.

Se um raio não cai duas vezes no mesmo lugar, era alvo de um pequeno golpe.

Quis correr atrás do malandro. Aplicar-lhe umas boas reprimendas. Deixar claro que a farsa havia sido descoberta.

Deixou passar.

Agora, com a cena repetida, pôs-se a questionar por que queria saber aquilo.

A verdade.

Não importava, afinal. Partiu da sua perspectiva. Fez o que sentiu vontade. O que parecia correto e justo. Valeu a intenção. Dele. A dela, era ainda mistério.

Cogitou que o roubo podia ser coisa para boi dormir. Mas a falta de grana, sim, era possível. E por várias razões. Uma mulher. Vítima dessas coisas que acontecem com mulheres. Tantas. Quem sabe?

Ficou com a grandiosidade do argumento.

Foi o que disse a ela, nota entregue.

Vá para casa.

Para ele, acabava ali.

Teria sido enganado?

SÍNTESE. ANTÍTESE

Era fim de tarde.
Inverno.
O vento frio começava a desafiar as tentativas de se estar agasalhado.
A quentura teria de vir de outra parte.
Natureza diversa.
Ainda ninguém sabia disso.
O céu fazia seu desfile silencioso.
Últimos azuis bordados por fios dourados. Rosados.
Noite caindo.
Alguma estrela já estaria lá.
Só o olhar inquieto de uma criança deitada no chão a reconheceria.
A mulher cortou tesouras e alicates.
Ouviu buzinas e insultos.
Fazia seu desfile silencioso.
Da pobreza.
Tentativa de sobrevivência.
Não via céu.
Nem estrelas.
Ouvia.
O ronco do estômago.
Energia consumida pela andança de agora.

E por todas as outras.

O carrinho cheio.

De algo que não alimentava.

Mas poderia.

Quem sabe.

Do meio das latas catadas.

Dali, umas moedas.

Quem sabe.

Não estava sozinha.

Tinha a companhia de um homem.

Mais velho.

De baixo, via-se o alto da sua cabeça.

Pintada de branco.

Entre dissabores compartilhados, a solidariedade no caminhar.

Empurravam o carrinho. E suas almas.

A barriga reclamava daquele companheirismo inócuo.

Decerto sentiu o cheiro.

A mulher.

Desceu a pequena ladeira em busca de sua origem.

O fogo.

Seguiu o faro.

Aproximou-se do vendedor.

Fez sua negociação.

Demorou-se por ali.

Seu assunto não foi escutado.

Decerto, envolvia fome.

E vontade de comer.

Deu mais alguns passos.

Criou coragem.

Moça, você pode me pagar um churrasquinho?

Você completa?

Recebeu consentimento.

Esticou a mão com uma nota rota de dois reais.

O vendedor buscou confirmação para o negócio.

É jantinha?

Sim.

Talvez, a única em dias.

Talvez, a única nos próximos dias.

Agradeceu.

Deixou desejos.

De dia. Noite. Vida.

Bons.

Abençoados.

Deixou-se encarar.

Tinha a pele escura.

Poderia ser bonita.

Era mulher.

E isso falou por tudo.

Os cabelos indicavam a tentativa de fazer-se bonita.

Tinham uma sombra de tinta.

Ou estavam queimados.

Seriam mechas se estivessem noutro corpo.

Nela, apenas escapavam de trás da orelha. Entre carapinhas e alisamentos.

Tinha a pele escura.

Síntese.

Antítese.

Carregou o prato de isopor ladeira acima.

Sentou-se no chão ao lado do homem que a acompanhava.

Deu tempo de olhar para seu pé.

Era de trabalho.

Largo.

Esparramado.

Sujo.

Sofrido.

Incansável.

Era de mulher.

Tinha a pele escura.

Síntese.

Antítese.

OLHO VIVO, CORAÇÃO ABERTO

Certa vez uma colega de trabalho causou uma pequena revolução na casa do Lago Sul onde funcionava a empresa que nos contratava. Tudo para salvar um pássaro, gaiato no navio, que se debatia nas paredes de vidro em busca de saída.

Por mim, aquilo não teria sido enxergado. Muito menos como problema. Ou como um fato que precisaria de intervenção. De um olhar cuidadoso de quem estivesse disposto a colocar a mão na massa para ajudar. Mesmo que o ser vitimizado se tratasse de uma ave. Ou por isso mesmo.

Uma equipe se reuniu para pensar em como mostrar o caminho de casa à Dorothy de penas. Tentativas frustradas quase desanimaram o grupo até que veio a ideia redentora. Usar uma rede, que, no caso, se tratou de um lençol grosso, lançado sobre a espécie até que fosse capturada e devolvida à natureza.

A normalidade voltou. Ninguém foi alçado à condição de herói. Mas me questionei, e o faço até hoje: por que não me senti mobilizada pelo problema?

Voltei a pensar no assunto após a morte de meu irmão Raniere, quando fomos mergulhados em homilias e sermões e mensagens e conversas abordando o valor de semear, de multiplicar dons, de cumprir propósitos e missões.

Ao buscar uma frase que o representasse para estampar a camisa que fizemos em sua homenagem/memória, minha irmã lembrou-se de algo que ele tinha dito ou escrito pouco antes da partida.

Amar, perdoar, servir. Viver com alegria.

Amar, perdoar, servir também era o que meus pais pregavam e, mais que isso, faziam e fizeram a vida toda. Exemplo que nos educou.

Mamãe, que tinha o hábito de dizer que não havíamos puxado a ela em várias características, nem imaginava que essa era a que mais me doía pelo fato de não a ter herdado.

Entendia que algo daquela intensidade não se aprendia. Não se ensinava. Era atávico. Intrínseco.

Ou você tinha ou não tinha.

Passei a observar o meu comportamento. O que me movia a ser solidária. Atenta. Disponível.

Passei a perguntar a pessoas predestinadas a fazer o bem, quando eram entrevistadas por mim. O que move você? Não tem medo de estar sendo enganada? "Tenho. Mas não penso nisso", me disse uma delas. "Se a gente pensar, não faz", completou.

Mais uma frase para decifrar o enigma. Talvez, não seja só pelo outro. Mas por nós mesmos. Fidelidade a uma necessidade atávica. Intrínseca. Podemos nascer com ela. Mas também podemos assimilá-la ao longo da vida. Admitir isso alterava meu padrão de pensamento.

Sinto mudanças ocorrendo em mim. Estou feliz por elas.

Percebi, de forma natural, me sentir mais conectada às pessoas e suas necessidades.

Resultado disso é constatar que há sempre alguém por perto. Precisando de algo. Ajuda boba. Pequena. Daquelas que é capaz de não enxergarmos. Como aconteceu comigo no caso do passarinho.

Podia dar exemplos. Mas vou deixar que a leitora ou o leitor perceba as suas próprias experiências.

Olho vivo.

Coração aberto.

A MULHER E O MENINO

Agora era fácil falar do assunto. Agora que o tempo passou.

Mas, na época em que aconteceu, foi tempo de sofrimento e silêncio.

De dor. Sem lágrimas — que homem não chora nem por dor, nem por amor.

Pelo que a memória ainda guardava, ela era amiga de sua irmã. Era mais velha, portanto.

Ia na casa quase todo dia, a danada.

Parece que ia só para provocar, só para açoitar um coração infantojuvenil que sequer sabia como se portar diante de uma adolescente, imagina de uma mulher. Feita. Adulta. Casada. Com um filho. E ainda por cima que se chamava Aparecida.

Quando ela aparecia lá, o adolescente de 14 anos sentia coisas que ainda não conseguia decifrar.

O coração palpitava. As maçãs do rosto ganhavam tom avermelhado e a temperatura ficava mais elevada que o normal. Lá nas partes baixas é que acontecia o maior mistério. Algo mudava de tamanho, de forma, de textura. E se desencaixava do resto do corpo. Dava até para se benzer e esconjurar, não fosse algo tão bom de sentir, afinal.

O que seria tudo aquilo? Perguntava-se, já que não podia dar voz a tamanhos segredos.

Fez planos de investigação. Perguntaria à mãe. Ou à irmã.

Bobagem. O que elas diriam sobre as dúvidas pueris de um moleque que nem deixara as calças curtas?

O jeito era ir levando. A experiência, forjou. Em conversas com meninos mais velhos, leitura de revistas de conteúdo duvidoso encontradas embaixo da cama, audiência a filmes proibidos (à custa de entrar furtivamente no velho cinema do centro da cidade) e a descoberta de que as mãos levadas às partes baixas, naquela hora, em que tudo por ali mudava de figura, faziam acontecer um milagre totalmente novo.

Inflou-se de autoconfiança. Aumentou de tamanho. Sentia-se mais alto. Por coincidência, a voz mudou junto. O rosto também. Já nem parecia aquele menino que se escondia para captar, pelas frestas da porta, um pouco da voz de Aparecida. E do que tinha a conversar com a irmã dele.

Era outro. Tão outro que um dia criou coragem. Arrumou-se todo. Um banho daqueles. Inclusive, de perfume. Roubado da mãe. Era melhor ter posto uma fragrância masculina – mas isso não lhe ocorrera.

Era tão outro que o que sentia já tinha nome. Era amor. Ou paixão. Ou gostar. Não importava.

Estava enamorado. E a palavra soava bem. Enamorado.

Com os sapatos de domingo, uma blusa listrada de botão e bermudas escuras, deu um salto à frente de Aparecida e declarou seu amor. Assim, de chofre. Confiante na reciprocidade.

Ela, no entanto, deu de ombros. Riu gostosa e ruidosamente. Puro escárnio.

Se enxerga. Cresce e aparece. Menino.

E desapareceu da vida da família.

FAZEI COM QUE PROCURE MAIS

Ainda ontem não estava ali.

Hoje apareceu. Elegante. Alto. Imponente. Complacente.

Em silêncio, transmite um recado: Senhor, fazei-me instrumento de vossa paz.

Onde todos se encontram, passam e param, com pressa, ele nos confronta com sua calmaria. Logo ali, em frente ao trio de elevadores, no hall do edifício.

Não se move, não alteia o tom da voz, não julga. Os olhos, apesar de fixos em um ponto qualquer, como que miram tudo o que está à frente. São os que tudo veem.

Dá vontade de dar-lhe um chacoalho. Para que saia dessa nuvem alta em que parece se postar para zombar da falta de sabedoria de cada um, da impaciência, da intolerância e das ninharias.

Onde houver ódio, que eu leve o amor.

Mas como dá para pensar em amor se tudo vai tão mal. O salário não cobre as despesas, o tempo é consumido pelo excesso de carros no trânsito, o filho adoeceu logo hoje, os ônibus estão em greve, o exame acusou uma taxa fora dos parâmetros, o cara não ligou e a moça deu na primeira noite.

Onde houver ofensa, que eu leve o perdão.

Que mané perdão! Deixe que eu me inflame corpo adentro, alma envenenada, maquinando a próxima vingança, ruminando a última raiva, querendo saber por que as palavras não saíram na hora certa para esculhambar aquele otário que furou a fila.

Onde houver discórdia, que eu leve a união.

Cada um que se resolva. Em briga de marido e mulher, ninguém mete a colher. Ado, ado, ado, cada um no seu quadrado. Não vou deixar barato. Tá pensando o quê? Não levo desaforo para casa.

Onde houver dúvida, que eu leve a fé.

Ah, se Deus existisse. Se ele estivesse mesmo vendo tudo. Nem haveria a conjunção "se". Tudo sairia perfeito, sem condicionantes. Cansei de gastar o latim. Andar com fé, eu vou. Sei cá.

Onde houver erro, que eu leve a verdade.

Verdade cada um tem a sua. E errar é humano.

Onde houver desespero, que eu leve esperança.

Esperança é a última que morre. Mas, com esses olhos que a terra há de comer, hei de vê-la sete palmos abaixo do chão.

Onde houver tristeza, que eu leve a alegria.

Tristeza não tem fim. Chorar faz parte da vida. A tristeza é uma forma de egoísmo. Estou rindo tanto hoje. Certeza que acabarei o dia recebendo uma péssima notícia. Mau agouro essa gargalhada toda.

Onde houver trevas, que eu leve a luz.

No fim do túnel tem é nada. Com essa velocidade, a luz passa e a gente nem vê.

Ainda ontem não estava ali.

Mas hoje está.

Em madeira maciça. De Lei.

Sua Lei, sua bondade, os braços abertos, esses pássaros aconchegados neles. Essa entrega, São Francisco de Assis, é o que esfrega na nossa cara o quanto não sabemos nada da vida. Como é vã essa busca cega pelo que desconhecemos o sentido.

Ó Mestre...

Fazei que eu procure mais.

SINA DE CIGARRA

Uma das primeiras matérias que escrevi em Brasília foi sobre as cigarras. Naquela época, bem forasteira, quase menina, não entendi a gravidade do assunto.

Fui em busca de uma especialista e precisei tirar a mulher de um evento para que pudesse entrevistá-la. Bem-mandada, segui o que indicava minha pauta e as recomendações do meu superior.

No íntimo, não acreditava no que fazia. Nem entendia a razão de as cigarras figurarem altivas em espaço privilegiado de um jornal impresso.

Da apuração da época, não lembro mais de nada. Mas a sensação de ignorância me massacra até hoje.

Como a importância das cigarras poderia passar incólume à jornalista recém-empregada? Como subestimar a força simbólica do inseto para o povo de Brasília?

Posso encontrar argumentos para o perdão. Vinda do Nordeste, trazia a imagem da cigarra imortalizada por Jackson do Pandeiro e Delmiro Ramos. Era eu mesma a encarnação do que cantavam: "Nasci com uma sina de cigarra. Aonde eu chegar tem farra."

Também era marcada pela fábula transformada no desenho animado de que me recordo. Nele, os comportamentos da cigarra e da formiga eram antagônicos. A formiga se preparava para o inverno, com trabalho árduo e ininterrupto. Já a cigarra, com sua sina, seguia festiva e alheia aos perigos que se avizinhavam.

Chegado o tempo de pouca fartura, a pobre tinha seu *carpe diem* punido pela escassez. E se via obrigada a reconhecer um erro que talvez não cometera. Quem poderia atirar a primeira pedra naquela cigarra àquela atura faminta?

A formiga, benevolente, passava, então, a grande mensagem altruísta. Vamos apagar o passado, era o que dizia nas entrelinhas. E dividia o seu quinhão. Talvez, dançassem juntas para comemorar. Não me lembro.

Por aqui, as cigarras estão sendo caçadas. Nas redes sociais, todo dia vejo a pergunta gritada por letras maiúsculas. ONDE ESTÃO AS CIGARRAS?

A questão chega a ser a paráfrase do título do documentário 'Para onde foram as andorinhas?', dos Institutos Socioambiental e Catitu. Nele, os povos do Parque Indígena do Xingu, em Mato Grosso, indicam os sinais que a natureza deixou de emitir. Como a presença das andorinhas. E o canto das cigarras.

O ciclo de vida desses seres é sofisticado. Não apenas anunciam chuva. Mas precisam dela para poder cavucar a terra, onde descansam em forma de ninfas e, sobre a superfície, se tornar adultas.

Porém, antes de virar comida de pássaro, é preciso legar sua condição miserável. Urge acasalar-se.

Talvez, por isso a fama de cigarra que a cigarra tem.

Uma vida toda dedicada a um instante de prazer.

Antes da morte. Sempre à espreita.

SEGUREM SEUS CARROS.
MEU CORPO (NEGRO) ESTÁ SOLTO

Criei um mantra. Na verdade, não o criei. Apenas decidi repetir os versos de Mário Quintana, já muito utilizados por mim – em textos, mensagens, crônicas – como um mantra. E respondo mentalmente com eles, cada situação que me fere, exaspera, entristece, revolta.

"Eles passarão. Eu passarinho."

Aprimoro o deixar ir. Enfeitando-o com palavras. Bonitas. Poesia. É que nem sempre é fácil descontaminar o lixo tóxico que a interação com algumas pessoas nos impõe. Às vezes, aquilo se agarra a nós, a nosso pensar, a nossa paz. Como derramamento de óleo em águas límpidas. Quando a gente acha que esqueceu, volta como música-chiclete.

Tenho me recusado a ser invadida. Vilipendiada. Vou criando estratégias para me proteger. Para não ficar ruminando situações. Ou respostas não dadas. Para não jogar pragas (coisa que ainda me pego fazendo) ou desejando o mal (afinal, Deus castiga).

Nessa cura sincrética e holística a que me proponho, podia até mentalizar um Ho`oponopono nas costas dos desinfelizes que tentam estragar meu dia. Prefiro Quintana. Porque gosto do Poeminha do contra.

Tudo isso para contar que tenho voado demais. Eu, passarinho. Eu, passarinha. Eu, flanando sobre os charcos. Sobretudo, os do racismo. Sobretudo, os dos racistas.

Virou situação corriqueira — mais do que o olhar enviesado em lojas e outros ambientes feitos para que vendedores negros, negros e pobres, parafraseando Caetano Veloso, embalados não sei por qual transe, joguem sobre nós suas desconfianças. Seu desejo de abordar. De humilhar. De menosprezar. De desconfiar. E, mais recentemente, de matar.

Virou situação corriqueira estar perto de carros parados e ver as pessoas voltando até eles para demonstrar que têm donos e os donos estão por perto. Ávidos por proteger seu patrimônio. Virou situação corriqueira fazerem soar o alarme, da distância em que se encontram, para demonstrar que os carros têm donos e os donos estão por perto. As pessoas chegam mesmo a fingir que esqueceram algo no seu interior. Abrem a porta. Enfiam a cabeça lá dentro. Para demonstrar que os carros têm donos e os donos estão por perto.

Nesses momentos. Corriqueiros. Chego a ensaiar uma praga. "Tomara que seu carro seja arrombado por alguém de pele clara e olhos azuis. Ou verdes." Mas vejo que não faz sentido. Desfaço-me da má intenção e entoo Quintana. Eu passarinho. Eu passarinha. Aí, não resisto a outra intervenção. E misturo nos versos pueris um "Não passarão". Ou dois. "Não passarão".

Dia desses, eu estava fumando perto de um carro chique. Acho que olhava fixamente para o vidro. Fingindo-o espelho. Ou atravessando-o com olhares que percorriam minha vida. Assim, senti inquietar-se um segurança do empreendimento próximo. Antevendo o sinistro, levantou-se. Caminhou. Esticou o pescoço em minha direção. Também ele quis demonstrar que estava por perto. E foi bem nesse momento que reelaborei um ditado machista, que não vou repetir aqui, muito usado na minha região, e mantrei a nova versão para o dito-cujo.

Segurem seus carros. Meu corpo (negro) está solto.

NEGÓCIO DE AMOR

Trabalha. Doze horas por dia. Toma remédios para dormir. Começou com relaxante muscular. Passou para tipos mais fortes da mesma droga. Evoluiu para tarjas pretas doadas por algum usuário detentor de receita. Até chegar a um médico especialista que prescreveu hormônio talhado para a missão de fazer alguém adormecer. Vítima de crises de ansiedade, buscou ajuda psicológica até ser encaminhada a um psiquiatra.

Passou a fazer terapia em busca de escuta qualificada e, vez por outra, procura videntes, astrólogos, tarólogos e afins. Também anda testando terapias alternativas ou coisa parecida. Acredita que viveu o suficiente para conhecer o amor. Assim, a dois. Como manda o figurino. Sem traumas. Sem desespero. Sem tédio. Sem fim. Sem unilateralidade. Com beleza. Com entrega. Com reciprocidade.

Não aconteceu.

Então, segue trabalhando doze horas por dia. Agora, quer encaixar nas poucas horas que restam (resguardando as do sono nas quais investe para alcançar), algo que traga um misto de prazer e alegria. Elegeu o álcool. Quer fazer parecer – não é só de esperas que passa o tempo ou que o tempo passa.

Mas a espera é compulsória.

Queria mesmo amar. Mas, se já viveu o suficiente para conhecer o amor, capaz que isso não aconteça no tempo que resta. Com vaga crença de que ainda é possível, não deseja estar sóbria em todo o percurso. A literatura de autoajuda, consumida de vez em quando para que receba algum conforto das palavras, traz o petardo. O amor aparece quando não é procurado.

Nos dias em que a esperança viceja. Acredita nisso. E sai por aí fingindo que não quer nada. Assobiando pela calçada, enquanto espera cruzar os olhos naqueles outros, fazendo nascer um "à primeira vista" para ninguém botar defeito.

Forja compromissos em lugares inauditos. Quebra a rotina. Sonha com viagens que tragam consigo a abertura do portal. O encontro sonhado. Podia até esbarrar na pessoa escolhida pelo destino, como tanto vê nos filmes.

Quando cansa, manda tudo isso e mais sua vontade de amar, tomar no cu. Aumenta o número de garrafas na geladeira. E de copos goela abaixo.

Nunca acreditou em nada.

Se a vida resolveu brincar de gato e rato nesse negócio de amor, que seja. Não nega o sangue competitivo que corre em suas veias. Mas encarar queda de braço com os desígnios de Deus (ou do diabo) só para ter uma vida a dois. Nem pensar.

Segue trabalhando.

Doze horas por dia.

POLTRONA DO PAPAI

Estava lá. A propaganda. Poltrona do papai. Luxuosa. Muito confortável.

Pensei nesse nome e no simbolismo da existência de um objeto assim denominado até os dias de hoje. Por mais que os dias de hoje não comportem um papai que reine absoluto em seu tempo livre e que mereça, ao entrar no recesso de seu lar, um artefato feito para ele.

Onde possa sentar-se. Deitar-se. Espreguiçar-se. Esticar os pés na poltrona que ou se molda para este fim ou tem um banquinho auxiliar. Uma poltrona para o papai não ser incomodado. Até que chegue o horário da próxima refeição e ele seja chamado para ocupar outro lugar de destaque à mesa.

O papai trabalha muito. Não deve ser molestado. Tem direito ao descanso. A desligar-se de tudo o que é comezinho nessa vida. Ao entrar em casa, merece um lugar todo seu. Uma poltrona. Onde possa exercer o reinado que lhe é destinado pelo fato de ser homem, sem sequer mexer o corpo.

O papai já sua a camisa para garantir que tudo corra bem – para que haja comida e todas as necessidades materiais sejam supridas. O papai não pode ser interrompido no tempinho que lhe resta para exercer o nadismo. Para se desligar das preocupações desse mundo. Para poder ver o telejornal em paz.

E, nos dias de hoje, em que ainda são vendidas suas poltronas, poder também vasculhar a internet e fazer dali o espaço para viver a vida paralela que oculta dos olhos dos demais. Mas onde também reina. Invisibilizado pela virtualidade. Que também não seja vasculhado o celular do papai.

O papai vive de forma pontual. Entra. Sai. Vai para a grande labuta do mundo corporativo. Quando volta, espera ocupar, sem ser interrompido, o espaço que lhe cabe em casa – materializado naquela poltrona que custou uma fortuna e que ganhou no Dia dos Namorados. Afinal, ninguém mais merecedor que ele, de um oásis no meio do deserto-lar.

Senta lá, o papai. Não ergue a cabeça. Não abre os olhos. Não faz mais do que respirar. E que se faça silêncio no pouco tempo que o papai tem para desfrutar de sua poltrona. Que sejam apagadas as luzes. E se calem as vozes. Falemos baixo para não causar distúrbios.

O papai é assim mesmo. Uma coisa de cada vez. A mamãe, não. É polvo. Tem capacidades múltiplas. Como múltiplos são seus turnos de trabalho. À mamãe, cabe a carga mental. Precisa gerir o cardápio. Fazer as compras. Cuidar dos filhos e de suas demandas. Ser a motorista para a escola e atividades extracurriculares. A mamãe desmarca aquela única aula que pretendia fazer. A mamãe garante a quietude para que o papai deite na poltrona feita com exclusividade para ele, consideradas todas as suas demandas masculinas. O papai já faz muito, coitado.

A ele, a poltrona. Luxuosa. Muito confortável. À mamãe, outro móvel. Está de bom tamanho. Pode ser encontrado nas lojas de artigos infantis. De todos os preços. Modelos. Materiais. O ideal é que tenha boa ergonomia. Afinal, é cadeira de amamentação. Onde a mamãe, exausta, alimentará um rebento. Por meses a fio. E de onde vai poder observar o sufoco do papai. Expurgado na poltrona.

UM AMOR, POR FAVOR

Ela está irritada. Preferia ter ficado deitada hoje. Não ter as vistas impostas a enxergar um sem-número de coisas — falsas, com certeza — que falam sobre amor.

O que na sua vida deixa pistas de que o amor um dia cruzou seu caminho? Não cansa de repetir. Azar no jogo. Sorte no amor. Para quem? Para ela, brada, a sorte passou longe. Seja no jogo, seja nesse sentimento tão alardeado, sobretudo hoje. No infame Dia dos Namorados.

Disse que deu um tempo, só por hoje, das redes sociais. Não quer ver os sorrisos. Não quer dar de cara com abraços apertados. Não quer que pipoquem olhares cúmplices. Não precisa saber quem ganhou flores. Joias. Café da manhã almoço jantar – românticos.

Prescinde de ser informada sobre quem deu um *up* na relação e migrou de um namoro para um noivado. Ou de um noivado secular para um dia de casamento marcado. Não quer conhecer histórias com ares de contos de fadas que exprimam, em textão, como foi que o tal casal se conheceu. Quais artimanhas o destino utilizou para colocá-los juntos. Amando. Amando? Humpf! Fechou tudo. Uma por uma. Todas as páginas digitais. E, se pudesse, fecharia os olhos. E os ouvidos.

Deve mesmo ter fechado o corpo. Sem nem ter se dado conta. Afinal, até hoje busca as pistas de que o amor um dia cruzou seu caminho. Foi nunca. Nunquinha. Aquilo que veio. Aquilo que tanto pareceu ser. Foi engano. Engodo. Ilusão. Traição. Mentira.

Por causa do rol de desventuras amorosas ou de desamores venturosos, não se cansa de perguntar ao tempo sobre quanto dele será preciso. Sobre se ainda há chances nessa vida. Sobre o que purga de um passado de encarnações e que ainda agora faz com que pague o que nem sabe se deve. Devia haver prescrição para crimes de vidas passadas. Isso é que é.

E esses balões vermelhos nas portas das lojas? Essas músicas românticas soando alto? Essas lingeries insinuantes e despudoradas se cristalizando por trás da transparência das vitrines? Pouca vergonha. Mentira deslavada.

Bem que ela sabe que aquele casal se odeia. Aquele outro se tolera. Aquele ali é onde ocorre tanta deslealdade. Bem que ela sabe. Sobretudo hoje. No infame Dia dos Namorados. Os restaurantes estarão lotados. Alguém até poderá deixar o celular de lado, para uns "olhos nos olhos" que não passarão da meia-noite.

Sabe. Metade (ou mais) dos pretensos garanhões vai brochar. Metade (ou mais) de mulheres sequiosas será abandonada no seu desejo de gozar – bem no meio do caminho. Sabe que dedos mal ensinados vão causar mais asco que prazer. Que vai faltar saliva. Tesão. E apenas os gritos fingidos cruzarão as paredes do motel.

Ah. O consolo é saber que amanhã mesmo tudo volta ao normal. As máscaras cairão. E toda a alegria — falsa, com certeza — será rompida pela dureza da verdade. Da vida como ela é. Aí, ela vai voltar tranquila às redes sociais. Sorrisos dormidos não terão mais o poder de minar sua fé em reconhecer as pistas de que o amor um dia cruzou seu caminho. E se deixou agarrar. Assim que esbarrou em seu corpo. Isso tudo sem precisar nascer de novo.

EU PERCEBI QUE...

E já era você naquele vestido. Não conhecia a peça de vestuário. E não sei a razão de me deter na análise. Suas cores pastel. Seu tecido fino. Suas flores miúdas. Suas mangas compridas. Poderia agora desenhá-lo. Tanto que se grudou à minha memória. Não era sua bata. Seus jeans. Seus casacos. Suas saias. Não havia sido escolha sua. Porque você já não podia escolher qual seria a última roupa a cobrir-lhe o corpo. E já não era você naquele silêncio. Naquela cor pálida. Toquei sua pele e senti a falta do calor – o mesmo que aquecia nossos abraços. Uma brisa gelada grudou nos meus dedos. E já soube que a sensação ficaria comigo para sempre. Poderia agora descrevê-la. Tanto que se grudou à minha memória. Olhei sua boca inerte. E vi seu sorriso. Olhei seu pescoço, agora coberto por um lenço branco. Vislumbrei suas cordas vocais. Ouvi a voz rouca, de onde as palavras escapavam sempre divertidas. Antes disso, revi nossos passos. Vinham de longe já. Revisitei seus gestos de amizade. Entrei na sua casa. Senti o cheiro do feijão preto bem temperado que você fazia, do qual me tornei fã e que foi meu objetivo em todas as vezes que fiz um feijão preto bem temperado. Sentei-me à sua mesa. Senti-me acolhida por suas gentilezas de anfitriã. Dividi a mesa com sua família. Acompanhei o crescimento do seu filho. Desde os aniversários no parque infantil até que virasse um jovem estudante universitário. Ajustei a conversa para que se aproximasse da idade dos seus pais. Nunca tive dificuldades com isso. Talvez, eu tenha sido, desde a tenra infância, uma senhorinha. Avistei os presentes que não se compram, feitos pelas suas mãos e antecipados por uma longa história de como havia sido prazeroso confeccioná-los. Você gostava de criar modas e teorias, que lhes alimentavam a alma, até que fossem substituídas por outras. E outras. Lembrei-me de como gostava de iniciar as frases e de que isso se tornou bordão e motivo de risadagem na turma. "Eu percebi que..." Era assim que passava os dias. Observando. Aguçando a percepção. Forjando em cada rasteira da vida uma lição. Um motivo para se reinventar. Aliás, das rasteiras, você nunca falou muito. Eu já as conhecia quando transformadas em outra matéria. E já não era você naquele vestido. Desde a madrugada do domingo, eu sabia. Foi então que saímos para dançar. Voltamos aos primeiros forrós. Fomos de novo aos últimos sambas. Tomamos tantas cervejas quanto nem achávamos suportar. Discutimos um pouco. Rimos um muito. Busquei sua imagem em tantos momentos. E cheguei aos furos. Em quando não fui. Em quando você não veio. Nos desencontros. Nas respostas silenciadas. E no encontro agora impossível. E ao mesmo tempo, contínuo. Não quis culpar o que não se concretizou por nos ter tirado mais algumas chances de convivência. Se a vida segue, bastava-me que fizesse isso. Acompanhei você na academia. Não como aluna em aula experimental, como fiz quando você entrou na ioga. Avistei os mesmos pontos turísticos em dias festivos. Por dentro, a felicidade secreta de sabê-la no mundo. E a certeza de que apareceria. Sozinha. Ou esperando as meninas. Garrafa na mão. Em lugar alto, de onde pudesse ter certa visão panorâmica. Em todo e qualquer evento cultural. Já agora essa solidão de você. Eu percebi que... Sinto saudade. Por não mais sabê-la no mundo.

Para Flávia Goulart Fonseca.

A MORADA DO BEM-DIZER

Minha vó Severina, mãe de mamãe, rezava mau-olhado. Era assim que a gente chamava: rezar. No quintal da casinha onde morava, no bairro do Alto Branco, em Campina Grande, Paraíba, havia as ervas das quais ela arrancava os três "olhos" antes de começar o ritual. Arruda e pinhão roxo eram as preferidas.

Segurando os raminhos, ela se aproximava com o corpo franzino, vestidinho de botão e um coque baixo na cabeça, ajustando os ralos fios brancos. Seus lábios se mexiam e deles se entreouviam o que pareciam ser o Pai Nosso e a Ave Maria. Repetidas vezes. Era como se ela sussurrasse um segredo. Dos seus lábios saíam restinhos de palavras e um ventinho bom, estalado, que trazia junto o cheiro e o hálito de vó.

As ervas iam passeando pelo nosso corpo. Passavam pela cabeça. Pelos braços. Peito. Costas. De vez em quando, ela dava umas chacoalhadas na mão como se quisesse livrar as folhas de algo invisível que a elas tinha se grudado. Enquanto balbuciava, vó parava algumas vezes para bocejar. Nós também. Se havia muitos bocejos, ela juntava os dedos para conter as lágrimas que escorriam com o movimento de abrir e fechar a boca e jogava para longe o aguaceiro.

Quando acabava o trabalho, esperávamos ansiosos para saber. E ela proclamava: Olhado de homem. Olhado de mulher.

Ou a pior das situações: olhado de homem e de mulher. Para nós, era um mistério. Não entendíamos como ela sabia precisar informação tão detalhada.

Recorríamos às rezas de vó com frequência. Elas eram certeza de ânimo e energia renovados. Antes de qualquer passo desafiador, como uma prova, uma entrevista de trabalho, uma viagem, ser rezada por ela era imprescindível.

Mesmo quando estávamos longe, a encomenda era enviada por telefone. Era coisa de confiança e fé. Depois de muitos bocejos e o diagnóstico sobre a origem do mau-olhado, nos sentíamos outros. Leves. Sonolentos. Sem o peso que carregávamos antes.

Vó, coitada, era quem ficava meio abatida. Não podia exagerar no número de atendimentos diários. Dizia que tudo o que saía de nós, ia para ela, embora as ervas fizessem o papel de filtro. Depois, o que restava delas, das folhas verdes (pois murchavam na proporção do olhado contido no consulente), era dobrado com cuidado e sapecado fora. Com a recomendação de que fosse levado para as ondas do mar sagrado.

Quando vó perdeu para a idade sua capacidade de nos rezar, ficamos atônitos. E, o pior, percebemos que ninguém ficara com aquele conhecimento. Sempre respeitamos seu saber a ponto de não pedir a "receita" da reza. Mas nos arrependemos quando a chance se esvaiu.

No último sábado, procurei minha avó e seus conhecimentos em uma vivência de rezadeiras. Era uma dívida que sentia em minha história. Era algo que eu devia ativar no meu corpo e na minha alma.

Ali, estive muito perto dela. Ou ela muito perto de mim. Senti seu ventinho soprando minha pele. O seu hálito refrescou-me de novo. O reencontro me emocionou demais.

Foram momentos de muita sabedoria ofertada. De muitas histórias de vida compartilhadas. A força da mulher — inclusive em suas dores, fraquezas, fragilidades — me presenteou com inspirações e chamados. Os poderes emanados pela natureza e suas ervas me conduziram.

A caminhada teve início. E o bem-dizer fez morada em mim.

ERA DIA DAS MÃES

Pensei nas que foram laçadas. Nas que têm a pele preta. Nas que foram açoitadas. Nas que foram jogadas ao chão. Nas que foram amarradas. Nas que foram violentadas. Nas que foram amordaçadas. Nas que foram forçadas. Nas que foram silenciadas. Nas que foram vendidas. Nas que foram escravizadas. Nas que foram queimadas. Nas que foram assassinadas. Nas que foram comercializadas. Nas que foram traficadas. Nas que foram impedidas de estudar. Nas que tentaram fugir. Nas que foram obrigadas a desamar. A desmamar. A abandonar – amores, filhos, liberdade, sonhos. Pensei nas que perpetraram rebeldias — das mínimas às máximas. Nas artimanhas necessárias para alimentar-se ou alimentar alguém — com leite de peito, comida, esperança, luta, força. Pensei nos olhares de soslaio. Na palavra engolida. No gesto contido. Pensei nas etapas puladas. Nos aprendizados precoces. Nos enganos. Nos abusos. Nas feridas. Pensei na inocência apalpada. Nas descobertas forjadas. Na autoria roubada. Na chance negada. Pensei nas mãos calejadas. Nas pernas agachadas. Na roupa molhada. Nos seios murchos. Nas ancas largas. Na vagina lacerada. Pensei nos corpos não adaptados — troncos enfaixados. Nos cabelos tosados. Nos ouvidos feridos — gritados. Pensei no sangue derramado. Pensei nos rostos marcados — cores púrpuras ou descorados. Pensei nas que foram mutiladas. Nas que nunca gozaram. Nas que venderam o corpo. Nas que tiveram o corpo comprado. Pensei nas que foram esbofeteadas. Pensei nas que atravessaram fronteiras. Nas que tropeçaram. Pensei nas que foram presas. Nas que foram torturadas. Pensei nas que se esconderam. Nas que correram. Nas que ficaram. Pensei nas que foram envenenadas. Nas que envenenaram. Pensei nas que usaram espartilho. Armações. Armaduras. Nas que se fecharam. Pensei nas que abriram trilhas. Nas que subiram em telhado. Nas que nadaram. Nas que naufragaram. Nas que perderam a respiração. Nas que se humilharam. Pensei nas que estenderam as mãos. Nas que tiveram os dedos decepados. Pensei nas que singraram distâncias. Nas que caminharam. Pensei nas que foram trancafiadas. Nas que em câmaras de gás sufocaram. Pensei nas que passaram por assédio moral. Nas que pereceram sob abuso sexual. Nas que cedo se sexualizaram. Pensei nas que trabalharam. Pensei nas que tiveram o útero extraído. Nas que abortaram. Nas que pariram. Nas que piraram. Pensei nas que acordaram cedo. Nas que não dormiram. Nas que não conheceram a paz. Nas que madrugaram. Pensei nas que envelheceram. Nas que se fuderam. Nas que se casaram. Pensei nas peles enrugadas. Nas articulações endurecidas. Nas que paralisaram. Pensei nas que foram julgadas. Nas que foram acusadas. Nas que foram desacreditadas. Nas que nunca acreditaram. Pensei nos seus pesadelos. Nos seus descalabros. Pensei nas que coseram. Nas que desalinharam. Nas que bordaram. Nas que fizeram alquimias. Nas que brilharam. Nas que tiveram os pés amarrados. Pensei nas que vieram antes. Nos antepassados. Pensei nas anciãs. No matriarcado. Pensei na resistência. Na opulência. Nas façanhas da sobrevivência. Nas que tiveram seus nomes apagados. Pensei na trajetória das mulheres. Era Dias das Mães.

ENGASGO

Amanhecera. Ela sabia. Não por ter acordado junto com o dia. Pelo contrário, mantinha os olhos fechados. O corpo rijo sob o cobertor. Mãos rentes ao tronco. Pés recostados. Os nervos não responderiam a um teste de reflexos. A noite permanecia dentro de si. Era como morta.

Ela sabia. Pelo cheiro sorrateiro que as frestas da janela exalavam. Vapor de noite em despedida. Acordar de aves. Assombro de pequenos insetos descobertos pelo claro buscando, tontos, seus buracos. Teias. Tocas. Como também ela desejava buscar para si.

Ela sabia. Por causa de um relógio biológico insurgente. Omisso ao seu não querer. Se era como morta que se sentia, assim gostaria de permanecer nas horas recém-desnoveladas. Eram poucas ainda. Seriam muitas mais tarde. Queria estar imune ao tempo do mundo. Refugiada em si.

Pensou no que diria a mãe. Católica. De domingo na missa. Dos outros dias, na bíblia. E todas as palavras. Provérbios. Salmos. Ameaças. Castigo/juízo final. Deus tá vendo. Bem-aventurança. Para os escolhidos. Reencontro. Ressurreição. Deus tá vendo.

A mãe. Ela usaria primeiro um tom cordial. Depois, berros. Como faz o pastor no culto evangélico. Pelo menos, era o que via na tevê. Não sabia a razão de os pastores agirem de forma exaltada. Ferindo tímpanos. E os decibéis previstos em Lei. Preferiria o tom dos padres. Mas as amenidades já teriam sido descartadas.

Era tão previsível a mãe. Sabia que dali a instantes giraria o trinco sem mesuras. Colocaria a cara para dentro. Bicho desafiado. Olharia com grandes bolas de quase fogo. Não podia mais estar morta.

Pensou no pai. Ao contrário da genitora, ele nunca se repetia. Por vezes, só para saber o que viria, ela criava problemas. Fazia indagações. Esperava a resposta dita do alto. Pensada a partir da sabedoria que ele carregava.

Então, o que ele diria ao vê-la como morta? Talvez, julgasse que não havia razão para intervir. Talvez, silenciasse. E esperasse as coisas se arranjarem por si.

Ele também era dado a silêncios.

Mas aquele silêncio. O último. Ininterrupto. Trancado a sete palmos. Engavetado. Encaixotado. Aquele silêncio cortado apenas pelo tilintar cortante da pá enferrujada contra o tijolo molhado pela chuva de mais cedo. Manuseada por alguém que tinha como profissão ser coveiro. Aquele silêncio era uma traição. Punhalada. Estava decidido. Traição das bravas.

Sem planejar, refez o dia de ontem. Hoje, o inchaço nas pálpebras. A sensação de acordar de um pesadelo. O perguntar-se se tinha acontecido. O lamento pela certeza da resposta. O que diria ele. Queria saber. Tinha o direito. Ele não podia ter ido e deixado como herança o mistério sobre o que diria.

Refez o dia de ontem. Reviu os últimos instantes. Ele. No esforço de dar a conhecer o que se passava. Tinha pensado um pouco, antes de responder. Tomado fôlego. Ensaiado gestos leves. Olhado para os lados. Foi o tempo que faltou.

"O que você me diz, pai?", perguntou, após longa narrativa para a questão arranjada. Só para ouvi-lo.

Ele tossiu. Apontou para as costas. Ansiava por um tapa. Pedia socorro.

"O que você..."

A frase jamais se completou. Pairou no ar. Muda. Ele. Mudara de cor. Tombara. Engasgado com o excesso. De palavras. Das que não foram ditas. Ele também era dado a silêncios.

PALAVRA MAL DITA

Sobre o amor. Tem dúvida. Aos últimos "eu te amo" que ouviu, sobrevieram pesares. Dores. Ficou com raiva da palavra. Sua fluidez. Sua permeabilidade. A possibilidade irrestrita e despudorada do uso. Podia ao menos ser atrelada ao significado. Ao sentido. Ao sentimento.

Com que facilidade se diz isso. Com que desfaçatez se passa para a próxima pessoa a ouvir o engano. É como o aviso que vibra na mão do consumidor. A comida está pronta. Prato feito. Sabor predeterminado. Sem surpresa. Nem desvio. Vai ser devorada. Bom apetite. E os restos, largados. É assim porque é. Eu te amo.

Sobre o amor. Não sabe mais nada. Se tem para dar. Se já o recebeu de forma genuína. Dura pouco. E já logo se repetem as palavras. E logo já a fila anda. Mas paira. Porque se repetem os gestos. Os sorrisos. O padrão. O método. Eu te amo.

Sobre o amor. Pensa que veio sempre violento. Que sempre foi violentada. Cadê o celular para ligar 180? Aos afetos, sobrevieram descasos. Destroços. Desumanidades. Indiferenças. Sopapos. Traições. Palavrões. Insidiosas formas de ser posta embaixo do tapete. Ela mesma. Afastada com(o) um cale-se. A superficialidade fingindo-se encontro. Jurando profundidade. Para afogar o outro em mar de silêncio e desfalques.

Sobre o amor. Está cansada. E com visão ampliada. Perscruta cada cena representada e enxerga o cacoete. O improviso. O que não estava no script. A cortina se abre. E as coxias, desnudas diante da plateia, mostram o que se pretendia esconder. Os escombros. Os escândalos. Os ensaios.

Sobre o amor. É por isso que sua garganta está escangalhada. Tão obstruída quanto supostamente libertada. Nunca, ali, pôde assumir seu lugar de fala. Todo o dito foi recebido como se fosse da boca pra fora. Quantas vezes não houve resposta. Quantas vezes foi atropelada. Por argumentos mais bem arranjados. Tanto precisou repetir. Arguir. Explicar. Implorar para ser considerada. Maquiar a contrariedade dissimulada. Reparar seu querer engavetado.

Sobre o amor. Quer passar sobre ele. Empurrando com braços de ferro tudo o que for inventado. Tudo o que é apenas o outro lado. Não sabe ainda se quer vivê-lo. Se quer acreditar. Chamam-no de imprescindível. Imagina o lugar perfeito para um sentido que não seja obliterado.

O amor. Vez em quando se imagina deitada nos seus braços. Braços de amor não são tentáculos. Ame-o e deixe-o livre. Para amar. Que não seja amargo o sabor da fruta mordida. Já cuspiu tanto veneno para evitar ser engolida. Precisa saber se ainda acredita. No sentimento. Não na palavra mal dita. Maldita.

Agora, se percebe fortalecida.

Não vai morder a isca.

QUE O NOSSO OLHAR NÃO SE ACOSTUME ÀS AUSÊNCIAS

O músico e amigo Pedro Vasconcellos alertou, em mensagem no Facebook, que o recém-nascido e já aclamado Encontro Internacional de Choro (Eicho), promovido pelo Clube do Choro de Brasília, não tinha mulher na programação — ou tinha apenas uma, agora não recordo.

Nos anúncios do evento, vejo hoje a expectativa incutida no público diante do que seria uma "atração surpresa". Pensei: deve ser uma mulher. Colocada de última hora como *mea-culpa* dos organizadores para o "lapso". Era uma piada interna minha. Mas, nada engraçada, me fez lembrar de casos em que mulheres – negras –, como Julia Pastrana ou Sarah Baartman, foram tratadas como atrações. Em circos e afins. Viveram grandes tristezas e, mesmo após a morte, fizeram o papel do exótico objetificado. Para deleite das pessoas de bem de então.

No trabalho, uma colega recebeu pelos Correios um convite para um evento muito pomposo, da área de Direito, que deve acontecer em Brasília, em maio. Eu olhei o material e exclamei, diante de fotos sucessivas de homens de pele clara: nenhum preto! E apenas três mulheres.

Recebo agora uma mensagem da escritora e professora e amiga Leila de Souza Teixeira, alertando para o fato de que está acontecendo um burburinho em um evento do Instituto

Moreira Sales. "Com 18 poetas brasileiras(os), mas nenhum negro ou negra", dizia. Eu li a mensagem rapidamente e saí de casa. Vim pensando sobre a questão. Tão dramática quanto natural ou naturalizada.

Ainda no domingo, 21, chamei a atenção, em minha conta no Instagram, para uma imagem que eu via na televisão na cobertura ao vivo de um evento alusivo ao aniversário de Brasília. A repórter tinha a pele clara. Os músicos tinham pele clara. E o público que aparecia na tela também. Em pouco tempo, mais dois repórteres entraram na transmissão, em pontos diferentes da festa. Os dois tinham pele clara. E nenhum entrevistado até ali era preto.

A mesma escritora e professora e amiga, Leila de Souza Teixeira, questionou o fato de consumirmos produtos culturais em que se apresenta como detentor da fala o homem branco e hétero (nele contidos todos os símbolos culturais que sua presença sutilmente encobre e alardeia ao mesmo tempo).

E eu, que acabo de ter dois textos incluídos em uma coletânea organizada por uma mulher, de textos escritos por mulheres e que tem no título a palavra "Maria", pensei se seria resistência ou submissão. Ganho ou limitação de espaço.

Por que Conceição Evaristo, mulher negra, pergunta a razão de sua notoriedade como escritora ter acontecido por volta dos seus 70 anos?

O que uma mulher, o que eu, tenho de enfrentar diariamente, entre compromissos domésticos, maternos, pessoais, profissionais, amorosos, sexuais, familiares, de saúde, financeiros e todos os perrengues diários e mais a cabeça para ser posta no lugar? Tantas jornadas. Tantas faltas. E mais solidões, dúvidas, medos. E por vezes uma vontade louca de vida. De liberdade. De alegria. De cantoria. De uma mesa com pão. Vinho. E flor. Vontade de amor.

Que tempo, que sanidade, que leveza, que inspiração se consegue tirar de tudo isso? Não tenho a resposta. Mas tento escrever meus textos — diários ou não. Na periodicidade possível. Nas condições possíveis. Porque sempre descubro que eles são minha melhor fonte de cura. E mesmo quando não vão para o papel, invadem minha mente. Sem trégua.

Virgínia Woolf dizia que "uma mulher deve ter dinheiro e um teto todo seu, se ela quiser escrever ficção". Eu concordo.

Diante de tudo isso - tanto natural quanto naturalizado -, uma resposta muito comum dos desavisados é: mas isso acontece em pleno século XXI? Eu não aguento mais esse argumento-pergunta-tolice. Quero saber o que o "pleno século XXI" trouxe de mudanças para esse estado de coisas. Para esse estado das pessoas.

Anseio que o nosso olhar não se acostume jamais — em pleno século XXI — à ausência das mulheres, e das gentes pretas (sejam elas de que gênero for), e de todos os que não estiverem nos padrões normativos. Onde quer que estejamos ausentes.

DIANTE DA MINHA ALMA

Hoje é um dia. Vinte e quatro horas a serem contadas. Algumas já se passaram entre os primeiros minutos da madrugada e o momento em que escrevo. Quando despertei, às cinco horas, a primeira sensação foi de medo.

Antes de qualquer ritual recomendado para começar bem este dia, repassei o turbilhão de variáveis que me têm atormentado. Senti-me novamente comprimida. Ou atropelada. Tenho me sentido desamparada frente a tantas mudanças que se impuseram e a algumas que devo impor à rotina.

Tenho buscado viver a cada vinte quatro horas. Não antecipar na mente aquilo sobre o qual não se tem muito controle — o futuro. Isso ajuda a lutar contra a ansiedade. A não se (pré)ocupar. É o que dizem especialistas. Nalgumas vezes, consigo. Noutras, sou comprimida. Ou atropelada.

É quando desabo. Desando. Descambo. Desesperanço. E grito. Um som inaudível. Desejoso de soar aos quatro cantos. Busco entender a raiz das emoções. As motivações. Ou a falta delas. Para dali, do veneno, extrair minha cura. Nalgumas vezes, consigo. Noutras, sou comprimida. Ou atropelada.

Eu sei que vai passar. Porque tudo passa. Mas faltam-me ferramentas para uma espera tranquila. Respirar. Meditar. Aquietar(-me). Ler. Trazer coisas novas para o dia a dia. Caminhar junto à natureza. Fazer um bolo. Tomar um café com amigos. Podia ser fácil. Plausível. Mas o que se pode fazer quando se está comprimida? Ou atropelada?

Eu sei que vai passar. Porque tudo passa. Então, busco ter paciência. Para ver arrefecer o efeito dos hormônios ou de qualquer outra fonte para meus conflitos internos. O inferno não são os outros. Sei que nada do que me aflige está fora de mim. E se houver algo, deveria encontrar no meu dentro sua fonte de controle. Ser aplacado pelo acúmulo de aprendizados.

Mas viro bebê. Página em branco. Zerada na fonte de sabedoria. Bucha que desabsorveu seu conteúdo. Feto revirado no útero – onde encontra nas águas turvas seu alento. Talvez, eu quisesse isso. O colo da mãe. A mão dada. A possibilidade de ser frágil. A vontade de ser protegida. "Ficar grande é chato demais", diz a canção. "Crescer dói", diz o senso comum.

E eu. Eu mulher. Eu mãe. Eu nada. Eu cansada. Eu desnutrida. Eu ressequida. Eu atordoada. Eu sem respostas. Eu esbofeteada por perguntas anônimas. Cheias de garras. Eu que não. Para. Porque é preciso continuar. Caminhar. Não sei para onde ir. Ando meio desligada.

Hoje é um dia. E espero decifrá-lo. Não quero ser devorada. Abraço o vislumbrar das vinte e quatro horas. Há braços. Digo baixinho o que quero ouvir. Profiro palavras de ordem. Sussurro docilidades. Estendo as mãos. Entendo o emaranhado. Encaro o monstro. Enxergo as sombras. Dou as boas-vindas.

Juro que tudo será visto no seu exato tamanho. E torço para não ser comprimida. Ou atropelada. Eu quero estar de pé. Desperta. Acordada. Íntegra. Nunca despedaçada. Diante da minha alma.

AS SUPER-MARIAS

Houve um tempo em que minha mãe virou super-heroína. Não era uma condição instantânea, vinculada à maternidade. Tinha um feito grandioso a bradar. Com os poderes supremos a ela confiados, conseguiu fazer aparecer uma pessoa. Antes invisível. Orquestrou uma operação de resgate. E rapidamente, como o surgimento dos músculos de Popeye após uma boa dose de espinafre, materializou-se lá em casa uma mulher.

Era cedo pela manhã quando aconteceu. A trupe de filhos ainda crianças esperava a sua chegada. Vinha de São Paulo. Devia trazer presentes. Ou aquelas caixinhas fartas da Varig, cujos itens disputávamos aguerridos.

Se ela trouxe mimos paulistanos, não serei capaz de lembrar. Porque chegou acompanhada de uma pessoa misteriosa e estranha aos olhos infantis. Era a tia. A tia Maria Marques.

Retirada de um hospital psiquiátrico, descrito por mamãe de forma contundente como um reduto de crueldade. Uma fábrica de loucos.

Mamãe não adiantara seu feito a ninguém da família. Não pedira permissão. Havia, isso sim, feito um pacto consigo. Tiraria Maria Marques daquele lugar assim que fosse possível. Isso ela pensou uma viagem antes da que proporcionou a salvação da mulher.

Ela sabia de uma tia abandonada após, ao que se sabe, sofrer violência doméstica por parte do marido e perder um filho recém-nascido. Teria sido levada à colônia psiquiátrica com depressão. E esquecida convenientemente no lugar. Por 25 anos. Período no qual perdeu sua sanidade mental. Em função do tratamento recebido. A doença imposta sob a alcunha de cura.

Foi até lá. Viu as condições desumanas em que habitava a tia. Percebeu os efeitos das medicações pesadas e supostos choques elétricos. E decidiu. Próxima vez, levaria Maria Marques com ela. Do Juqueri, em Franco da Rocha, para Campina Grande, no alto do bairro de Bodocongó. Era o que acontecia naquela manhã.

Quando acordamos, ainda remelentos, havia a materialização do superpoder. Havia em casa uma Maria de cabelos raspados. Roupas de tecido pesado. Pele enrugada. Passos miúdos – como se estivesse com os pés presos em correntes. Sua fala era ininteligível. Gostava de ficar nua sob o sol. Cuspia no chão. Puxava os fios de cabelos em tique nervoso. Roubava nacos de comida. Xícaras de café.

Sua história foi contada à exaustão. Sua presença deixou de ter um peso para se incorporar à paisagem da nossa vida. Aos poucos, deixou de lado sua medicação. O que permitiu que viesse à tona o que ainda havia dela. Nela.

Arranjou apelidos carinhosos para todos nós. Apaixonou-se por um irmão meu. Chamava-o com voz cantada e aguda a cada refeição. "Vem! Comida tá na mesa". Seu convite era feito a um amor imaginário. Como era dirigida a maior parte do que falava. A ninguém.

Habituou-se a varrer o quintal, chamado por ela de "terreirão". Também demonstrou habilidade para lavar a louça. Reclamava das rugas no rosto. E dos cabelos brancos. Em finais de festa, bebia furtivamente restos de copos desavisados. Inebriada, cantarolava. Com olhos brilhantes. Gostava de elogiar. E de passar os dedos sobre os tecidos das nossas roupas. Encantava-se com peças de alfaiataria.

O tempo passou. Maria Marques foi se amiudando sob o peso da velhice. Mas estava sempre lá. Já era a própria paisagem. Até que, 36 anos após ter aparecido por obra da Super Maria Barbosa, ela nos deixou.

A cadeira que ocupou fica vazia. Nosso coração segue cheio. De gratidão, por termos tido a oportunidade de conhecê-la. De admiração. Pelo gesto de nossa mãe. Agora, destituída de superpoderes aos meus olhos crescidos, ela virou demasiado humana.

Capaz de uma atitude enorme. Capaz de fazer a reforma psiquiátrica debaixo do nosso teto, muito antes de que ela fosse aventada pelos poderes públicos. Capaz de restituir à Maria Marques sua condição. De gente. De mulher. De alguém que tinha uma família.

Ah, essas Super-Marias! Ativaram em nós muito amor.

CANSEI DE SER DEFINITIVA

A gente também mente para si mesma. Estou disposta a entender as minhas mentiras. Sinceras. Esmiuçá-las. Desmascará-las. Chegar o mais próximo das verdades mais verdadeiras sobre questões internas. Cansei de dizer "eu" e continuar a sentença com certezas petrificadas. Jurássicas. Que talvez digam o contrário do que eu penso. Acredito. Desejo. Chamam a isso de máscara. De persona. De aparência. O que, afinal, do que demonstro ser pode ser chamado de meu?

Cansei de dizer coisas definitivas. Como "não sei", "não faço", "não vou", "não gosto". Quero me abrir em um grande sim – mar de possibilidades. Mar aberto. Engolindo dogmas. Certezas. Necessidade de definição. Desconstruir-me com delicadeza. Sem implosão. Sem britadeira. Só observação.

"Acho que você não é muito confiável", disse-me meu irmão. Porque atrasei. Esqueci. Furei. Não sei. Um compromisso com ele. Achei divertido ouvir isso. Tomei até como elogio. Mas havia algo sério ali. E eu quis saber a razão. Marco muitas coisas ao mesmo tempo. Chamo muitas pessoas para o mesmo lugar. Junto desafetos no mesmo espaço. Desisto dos compromissos na hora H. Fico deprimida e incomunicável na hora em que devia estar na festa. Coloco tudo no mesmo saco. "Eu sou assim. Quem quiser gostar de mim, eu sou assim."

Parece demonstrar intimidade e cumplicidade ter alguém que atura ou aceita ou perdoa algumas das nossas características sob a alcunha de que não temos jeito mesmo. É amar. Ou largar. Agora, já duvido também desta assertiva. Se tudo se refere a nós mesmos. Se para tudo há remédio, menos para a morte. Se nosso compromisso no mundo deve ser o autoconhecimento, o expiar de carmas e pecados. Então, dá para espanar a poeira. E para fazer da nossa pele um tapete renovado. Tomo cuidado com palavras e atitudes. Negativas. Aceites. Pode ser que esteja dizendo ou fazendo justo o contrário. Há desacerto na minha alegria? Na minha lágrima? Nas minhas companhias? Na minha solitude? Na minha solidão? Há compromisso ou desleixo nas impressões que emito?

Falando assim, me parece que posso, a essa altura da vida, estar dando importância ao que me propus contrariar confrontar ignorar. O julgamento alheio. Será que é isso? O que quero é afinar meu próprio julgamento. Sem que tenha uma sentença final. Quero ser transparente aos meus olhos. Se isso for possível. Se eu digo. Sou. Faço. Quero. Acredito. Interlocutores não têm do que duvidar. Tenho a presunção da inocência. Por vezes, me surpreende a confiança depositada. Ora, sou humana. Erro. Falho. Confundo-me. Metamorfose ambulante.

E se saio ferida. Confusa. Arranhada. Perdida. Das minhas próprias convicções. É que elas estão emboladas. Devo soprar a casca. Como se faz com o feijão que seca no terreiro. Enxergar o que fica. Tem nome isso? Coerência? Encontro? Desfalecimento?

Cansei de ser definitiva. Quero ser transitória.

DIÁRIO DE UMA MADRUGADA

Adormeci enquanto tentava engatar na leitura. Acordei na madrugada. Não dormi mais. Não senti angústia. Mas não encontrei um bom rumo para o fato de estar desperta. Não voltei à leitura. Não escrevi. Não desfiz as malas. Não retirei o lixo. Não arrumei prateleiras. Não fui para a janela. Não olhei a cor da noite. Deitei no sofá. Em silêncio. Ouvi os sons dos arredores. Gente abrindo portas. Gente chegando em casa. Gente saindo de carro. Por um momento, julguei ouvir gemidos — seria gente transando. Mas a informação não foi confirmada. Confundi as sonoridades.

Quando o dia clareava, ouvi a moto do entregador de jornais. Voltei ao tempo em que amamentava. Via as luzes dos postes se apagarem. Ouvia a moto que entregava os jornais. O ruído me lembrava que o dia chegara. Boas horas haviam se passado sem que eu notasse. Enquanto trocava fraldas. Trocava de peito. Olhava com ternura para um serzinho gerado em minhas entranhas.

O gatilho da memória puxado por um barulho me levou a pensar que os sons das coisas seguem conosco. Despertando sentimentos. Bons. Ruins. Traumas. Alegrias. Uns se desvanecem. Outros, ficam mais altos. Com o tempo.

Brinquei de enumerar alguns ligados à minha vida. O rádio do meu pai sintonizado nas primeiras horas da manhã. O cantar dos pássaros anunciando que raiou o dia. O crepitar da fogueira de São João. O choque do vento nas folhas secas dos arredores da minha casa de infância. A mudez de um sorriso que me fazia bem.

Há um som que evoca em mim coisas ruins – algumas que nem cheguei a viver. O som de acidente automotivo. Como ele é amplificado. Como se faz inesquecível. E audível, mesmo quando não se está na estrada. Como somos capazes de refazê-lo quando apenas intuímos sua vibração enquanto nos levava alguém amado.

Saio do torpor.

Penso agora no contrário dos ruídos. Tenho evitado a voz das pessoas. Como falam alto. Seus timbres chegam a me incomodar. Tenho escutado menos música e isso ainda não concluí se é uma vantagem.

Venho exercitando o silêncio. Feito, antes de abrir a boca, perguntas que lemos em manuais de autoajuda. Isso que vou dizer é edificante? É verdadeiro? Faz bem? Fala bem de algo ou alguém? Por vezes, consigo emudecer ante a alguma negativa. Noutras, deixo-me afobar pelas palavras. Jorrando. Borbulhando. Sem conteúdo.

Falar me cansa.

Venho exercitando a escuta. Feito exercícios que lemos em manuais de autoajuda. Sobre conversar. Sobre ouvir. O outro. Não apenas esperar a vez de responder. Pensar no que dizer em seguida. Mas deixar soar a pausa. A resposta muda. Dita pela presença. Pela ausência. De julgamentos. De críticas. De fórmulas. Ser desimportante. Pelo falar. Ser importante. Pelo escutar.

Acordei na madrugada. Não dormi mais.

O sol já está alto. Olho da janela. Escuto com mais nitidez. Os pássaros. Ben Jor toca no rádio. A vida ganha gestos. Vejo o abraço entre o homem e o cachorro. Sinto o cheiro do café que acabei de passar. É hora de protagonizar os meus sentidos.

E criar outros.

GUIADA PELAS NARINAS

Eu cresci em cozinha farta de mãos femininas. Juntas, elas preparavam o alimento de festas que receberiam dezenas e até centenas de convidados. Era famosa a buchada (de bode) que saía de panelas grandes e caldeirões, depois de um longo e delicado processo de preparo — que incluía a compra atenta dos ingredientes, sua limpeza e corte. A prova com a ponta dos dedos – para saber se os condimentos estavam bem dosados. Aqui, havia uma boa dose de intuição.

Por fim, as fases de cozimento e, antes delas, o aferventar do conteúdo para "pegar" os temperos. Evitar que a comida estragasse. Havia pequenos truques usados para que tudo corresse bem. Como deixar uma brecha aberta pelas tampas – para fins de circulação de ar.

Por ordem de Deus. Ou do Diabo. Mesmo com todos os cuidados e prevenções, muitas vezes presenciamos as panelas se transformarem em vulcões fumegantes. Soltando espuma branca e cheiro peculiar.

Era a constatação de que o improvável acontecera. A comida estragara. Toda ela. Que desperdício. Que lástima. Onde estaria o erro? Quem era responsável por ele? Mamãe, antes de buscar uma solução, descabelava-se. Chorava. Gritava. Lamentava tanto prejuízo. Tanto cuidado e carinho. Perdidos.

A feitura de outros pratos famosos como a buchada preparada por mamãe incluía pamonha. O arrumadinho. O picado. A carne de bode. A galinha guisada. Mas os sábados eram os dias preferidos pelas crianças. Era a hora dos doces, biscoitos, bolos. Momento de testar receitas coletadas em cadernos escritos a próprio punho, revistas e suplementos da época. O domingo teria como sobremesas pudim de pão. Delícia de abacaxi. Bolo em camadas variadas e coloridas.

Eu nunca estive entre as mulheres da cozinha. Poucas vezes me dei ao trabalho de acompanhar suas rotinas. Aprender pela observação teria sido inevitável. Segui lamentando a oportunidade perdida a cada vez que me vi na obrigação de criar algo.

Passei anos sem arriscar sequer o preparo de um bolo. Até que fui levada a essa parte da casa, a cozinha, pela minha filha. Criança ainda, ela adora testar receitas e se detém mais no preparo (e a devorar a massa crua das bacias) do que no alimento pronto.

A partir da parceria com ela, tenho me entregado a momentos prazerosos e mesmo terapêuticos na cozinha. Em meio a algumas tentativas, percebi mais jeito para transformar cenouras, abóboras, abobrinhas, milho e outros quitutes em caldos e cremes, que devoro ou devoramos, na hora do jantar.

Não poupo o uso de temperos aromáticos, especiarias, coisinhas que surgem depois de raladas, espremidas, sovadas. Minha paixão é a noz moscada, confesso. Afastar-me para sentir os cheiros que saem dali é uma paixão à parte. São misteriosos. Sensuais. Bonitos. Evocam alegria. Dão vontade de dançar. De sair desbravando caminhos como a poeira avistada em meio ao raio de sol que transpassa a janela.

Preparar a mesa com as cumbucas fumegantes é entrar em viagem guiada pelas narinas. E esbarrar em mares nunca antes navegados. Eu recomendo.

AFETAR PELO AFETO

Naquele domingo estiveram juntas. Mas bem distantes uma da outra. Havia um continente como empecilho para que se olhassem nos olhos. Não adiantou. Estiveram em rede. E como se ainda fossem crianças, cresceram juntas. E não pela passagem do tempo. Mas pela troca de experiências. Pelo bate-papo. Pela entrega. Pelo desafio.

Queriam aliviar as tristezas. Confortar as angústias. Modificar-se sem demora. Em uma cura de mão dupla. Em tempo real. Tal como a necessidade daquela interação. Real.

No começo, a voz desinteressada. Preguiçosa de tentativas. Depois, a empolgação. Uma vontade ainda incerta de seguir com a brincadeira. Tão séria. Agora que haviam crescido. O pacto. Ainda que não verbalizado. Ainda que sem gotas de sangue apertadas uma contra a outra para selá-lo. Era só vontade. De crescerem juntas.

Falaram sobre motivação. Sobre o que as afeta pelo afeto. Sobre o que gostariam de fazer. Sobre o que fazem – mesmo que quase vencidas pelo desânimo. Sobre o que estava pendente, mesmo que fosse alvo de paixão. Sobre todos os se, os senões e os entretantos.

Concluíram que todas as sementes já plantadas estavam latentes, como é da natureza das sementes. Naquele dia, como se ainda fossem crianças, regaram-nas todas. Pela palavra.

Já não havia distância uma da outra. O continente desvanecera-se. Pelo encontro. Pela voz. Pela coragem em se desnudar. A nudez abençoada. Estavam de alma lavada. Verdades desentranhadas. Eram pequenas. E não por evocar a criança que foram juntas. Eram pequenas diante da grandeza do que foi acontecendo.

Uma ensinando à outra. Acalentando-se. Incentivando sonhos. Com o cuidado que os sonhos precisam receber para não se retrair diante de si mesmos. Realizaram juntas. Ideias de escrita. Uma estava em pleno exercício. A outra largara as palavras – talvez pela força que elas têm em mantê-la viva. Altiva. Pulsante. A força precisa ser tratada com leveza para que não atropele.

Primeiro, escolheram uma foto em comum. A partir dela, comporiam um texto. Cada uma a seu modo. Partindo de uma inspiração única. Deram-se o tempo necessário à criação. Ansiosas. Verteram palavras. Uma sobre o papel. A outra sobre o teclado.

Pronto? Prontas? Era hora da leitura. Atenta. Seguida pelos comentários. Entremeados pelo prazer. Da produção. Do feito. Melhor que o perfeito. Os estilos eram bem diferentes. Uma se assustou. A outra se divertiu. Com o efeito causado.

Veio o contentamento. A surpresa. A alegria. O romper das amarras dado como certo.

Sorriram. E, como se ainda fossem crianças, cresceram juntas.

O SOM DA MINHA VOZ

O som da minha voz. Surpreendeu a mim e aos demais. Apesar de soar difuso — como se ninguém fosse localizar de onde partia —, eu sabia a resposta. Saíram de mim as palavras que agora tentava recordar com exatidão.

O que havia dito, afinal? Não tenho certeza. Algo como: "Pare com a agressão ou vai preso". Eu não sabia que podia falar tão alto. Lembrei-me de uma chefe que me desafiou a gritar. Reclamava da (pouca) altura da minha voz. Grite. Grite. Eu não conseguia.

Naquela noite, sim. Eu gritei. Enquanto as cabeças giravam para procurar o emissor daquela sentença. Eu, dona da resposta, felicitava-me por dentro. Você conseguiu. Parabéns. Vai precisar de muita voz daqui por diante. Vai precisar gritar, sim. Aprender a fazê-lo é inevitável agora.

A pessoa a quem eu me dirigia, tão distante de mim, demonstrou medo. Também se moveu em busca de conhecer seu algoz. Mas não fitava ninguém. Quis mesmo esconder-se. Sabia que estava sendo vigiado, mas não enxergava o vigia. Tanto pior. Podia ser qualquer um. Podia ser todo mundo.

Ele acabava de acossar uma criança. Dedo em riste, gritava palavras de ordem em resposta a um pedido de desculpas do pequeno, que causara algum tipo de acidente, sem outras consequências, além do som que o denunciara. Deve ter derrubado algo. Batido com a mala em lixeira de metal. O senhor que o acompanhava, cabelos brancos, porte altivo, achou por bem ameaçá-lo. Com palavras que eu não ouvia. Mas com gestos e expressões que eu sabia o que queriam dizer.

Depois, passou a segurar a criança pelo braço. Chacoalhá-la. As coisas pareciam que iam piorar quando, saído de não sei que lugar, pude ouvir o som da minha voz.

Quem estava perto me olhou. Talvez, ninguém tenha entendido a razão. A cena acontecia de forma isolada, distante de mim. Depois, eu não disse nada que explicasse minha atitude. A frase circulou no vazio. O senhor, que olhou sem olhar, entendeu o recado e voltou para o balcão, liberando a criança de seus ataques.

Ninguém me perguntou nada. Ninguém se colocou a favor de uma solidariedade difusa. Todos voltaram aos seus negócios — de empurrar carrinhos, dar um passo à frente, olhar o celular, conversar com alguém. Eu também.

Mas agora podia sentir o eco quente das palavras arranhando a minha garganta. Meu estado de ânimo estava um tanto alterado. Era como se arregaçasse as mangas da blusa dispondo-me ao que viesse depois.

Nada veio. A não ser o meu contentamento. Passei a Lei em revista. A da palmada. Sim. Falara a verdade. Ele poderia ser preso. Eu mesma poderia contê-lo até que viessem as autoridades. Senti-me humilhada como aquele menino. O poder. De um homem. Adulto. Cheio de força. Diante de um pequeno assustado. Não vou esquecer a cena. Nem seu olhar de desamparo. Penso tê-lo captado em um átimo de segundo.

Ao me preparar para descer do avião, percebi. O menino era meu companheiro de voo. Contava a uma funcionária da empresa que a faixa que prendia o seu crachá estragara. Pouco simpática, ela pediu para ele sentar e aguardar. "Cuidado para não perder o documento", advertiu.

O menino viajava sozinho. Carregando a dor e a delícia de ser o que era.

O Entendimento

Foi preciso entender muito — embora aos poucos — sobre ser mulher.

Poderia parecer óbvio. Mas não era.

Não tinha manual. E, muitas vezes, os segredos menos secretos, como os que tratam de prazer. Fertilidade. Ciclo. Hormônio. Eram trancafiados a sete chaves por suas guardiãs – em geral, mulheres mais velhas. Cuidadoras. Mães. Tias. Avós. Primas. Agregadas. Gente que gostava de falar. Tagarelar. Fofocar. Engendrar ideias. Formular maquinações. Mas que silenciava sobre coisas de mulher.

Todo mundo sabia as razões de certos acontecimentos na vida de uma mulher. Todo mundo sabia dos ritos. Dos rituais. Das histórias repetidas. Seus começos. Meios. Finais. Menos a pobre menina, mal saída da infância. Passos trôpegos ainda em direção à adolescência, onde chegaria capengando. Desinformada de tudo. Querendo conter desejos. Fluidos. Pulsações. Atrações. Orgasmos involuntários. Sonhos eróticos.

Onde chegaria querendo revidar olhares invasivos. Querendo estancar gestos indiscretos. Querendo recusar convites sinceros demais para que fossem verdadeiros.

Foi preciso entender muito — e isso só aconteceu aos poucos — sobre ser mulher.

Quando arrebentou sangue no meio das pernas. Quando precisou ter informações mínimas sobre o fenômeno. Como lidar com ele. Foi quando desaprendeu a andar. Achando que havia um caminhão dentro da calcinha. E que todo mundo via aquele volume. Foi aí que começou a perceber.

Uma mulher era feita de tempos. Os tempos de secura. Os tempos de umidade. Os tempos de apatia. Os tempos de abundância de quereres. Eram ciclos. Eram como a lua. E com ela tinha muita parecença.

Chegam. Abundam. Diminuem. Somem. As engrenagens que compõem o ser-mulher.

Foi preciso entender muito — e isso acontece até hoje — sobre ser mulher.

Se tivessem contado que o desejo em momento inadequado era punido – fardo de mulher. Que liberar o corpo para os sentidos era arriscado. Se tivessem contado que aquele sangue era como o marcador de bomba-relógio. Que sua hora. Em ponto. No ponto. Fazia crianças gerarem outras. Se tivessem contado. Não teria. Ido. Dominaria impulsos. Estancaria o vermelho viscoso. Não mataria sem dolo.

Segurou firme no veículo-corpo. E se pôs em movimento. Junto com ele. Nem antes. Nem com atraso. Junto. Girando suave a cada curva. Junto. Estancando abrupta a cada freada. Junto. Correndo quando a via permitia acelerar um pouco mais. Junto. Diminuindo a marcha diante de algum obstáculo. Junto. Era como queria ser. Estar. Ora quieta. Ora uivando. Ora abrindo as pernas. Ora descansando do movimento. Ora morta. Ora ausente. Ora absoluta presença.

Foi preciso entender muito — e isso acontece a todo instante — sobre ser quem era. Mulher.

Apurou os ouvidos para o que lhe dizia o ventre. E as partes. E os sucos. E os sulcos. Vãos. Buracos. Entranhas. E seus complementos. Enchimentos. Ausências. Faltas. Lacunas. Falos. Falas.

Gozou.

Sem culpa.

Sorriu.

A FALTA

Foi como um banho de água fria. Ouvir aquela mulher. Louvada. Pela sua força. Pelos seus feitos. Pelo lugar em que chegou. A despeito de ter a pele preta. Mulher simples. Do povo. Atributos que usamos para certos encantamentos que nos embotam os olhos para o que a manteve ali. Na condição de mulher simples. Do povo. Sim, podia ser pior. Acho que é esse o consolo. Mesmo que ela tenha tido coragens. Tenha dado um passo adiante. Sua voz tenha encontrado eco. Suas palavras façam diferença. Faltou-lhe o verbo. O tempo verbal. Autoprotegida, como não podia deixar de ser, para a garantia do viver e do sobreviver que a colocavam ali, refez a sentença. Até achar um jeito plausível de dizer o que queria. Ainda assim, faltou-lhe o verbo. O tempo verbal. Eu não abro mão do meu sotaque (como algo que teria que perder, como me sugerem com tom de obviedade). Ando sempre ostentando, com orgulho, um "nordestinês", com o qual me dou muito bem e tenho intimidade. Considerei pela vez primeira que havia mais seriedade. E lamento. Naquilo. Do que eu supunha. Foi injusto – negar o direito a se falar com correção gramatical, ainda que a oralidade nos dê inúmeras licenças. Ainda que estejamos em um país continental. Ainda que haja vícios de linguagem aceitos sem punição. Ainda que estejam arraigadas em nós expressões idiomáticas capazes de apontar a nossa identidade em meio à multidão. Ainda assim. Considerei que a ninguém devia faltar o verbo. O tempo verbal. E percorri com a memória todas as peles marcadas pelo sol da lavoura. Todos os dentes faltando pela ausência de cuidados. Todos os pés rachados pelo contato demasiado com o chão. Toda a simplicidade. Em certa medida poética. Toda a pobreza. Inteira de crueldade. Avistei todos os torrões. Os conhecidos. Os intuídos. Busquei perfilar todos os motivos para que a tantos e tantas houvesse sido negada a alfabetização. O estudo. O conhecer a arma do dominador. Lamentei. A falta do verbo. Do tempo verbal. O roubo. Do enxergar. Desbravar. Ressignificar. Decodificar. O que vem das palavras. O saque do poder articulá-las sem passar o apuro de procurar e não encontrar. Senti raiva. Do tempo. Da história. Do poder. Dos poderosos. Das diferenças geográficas. De raça. De classe. De gênero. Naquele momento, quis que a mulher, apesar de inserida, não fosse diferente dos outros. Donos de títulos. E cargos. Ela estava no mesmo patamar. Como igual. Mas uns eram mais iguais que os outros. A ela. Faltou o verbo. O tempo verbal.

TIREM SUAS MÃOS ASSASSINAS DO CAMINHO

Em tempos de redes sociais quase diariamente somos confrontados com anúncio de pessoa desaparecida. Muitas vezes, há um final feliz. Noutras, foi até alarme falso. Por uma série de pequenos enganos, a pessoa estava perto. Mas incomunicável. Ou fez uma pequena viagem. Enfim, tem de tudo.

No último final de semana, quando fui reiteradamente apresentada à imagem de uma mulher desaparecida, chamada Letícia, de 26 anos, advogada, funcionária do Ministério da Educação, uma sensação de "está feito" me dominou. Eu sabia, por algum motivo desconhecido, que aquela história não teria final feliz. Era questão de tempo para sabermos com mais ou menos detalhes. Ela estava morta.

Talvez a sensação não tenha parentesco com o além. Com alguma intuição poderosa. Mas com o medo. Mesmo. Com a obviedade do perigo que corre (n)a vida das mulheres. Podia ser apenas pessimismo. Pânico. E eu seria surpreendida com o seu achado. Respiraria aliviada. Seguiria em frente.

Mas logo veio a confirmação. Letícia estava morta. Seu corpo, dando-nos motivos para agradecer, foi encontrado. Em uma manilha de esgoto. A família teria como finalizar a dúvida. Poderia velar e enterrar sua querida. Filha. Mãe. Esposa. Amiga. Saber o fim da história. Que começou cedo, quando ela tentava chegar ao trabalho partindo de uma região administrativa ou cidade-satélite do Distrito Federal.

Aqui, poucos lugares não ficam à margem. O que não é Plano. Lago. Alguns condomínios. O mais. É periferia. Lugar em que políticas públicas chegam com maior sofreguidão. Quando chegam. Onde transporte público é sinônimo de humilhação. E sofrimento. Quando há. E onde as obrigações com horários e compromissos fazem com que se arrisque a vida.

A cena lembra a de filmes americanos. Mas na ficção tão longe de nós, pensamos que isso fica no âmbito da sétima arte. Um psicopata. Diz a polícia. Um pai de uma adolescente de 17 anos. Um marido. Dizem os jornais. Um antigo morador da região. Dizem os vizinhos.

Via mulheres sozinhas. Até aqui mostrava o padrão de escolher as primeiras horas da manhã para sua caçada sanguinolenta. Via. Voltava. Oferecia algo. Carona. Companheirismo. Solidariedade. A prestação de um serviço. A possibilidade de se chegar à aula. Ao trabalho. À casa. Para fugir de algo que não passaria pela possibilidade de ser a fuga forçada da própria vida, as mulheres confiavam nele. Até agora nove. Duas das quais, mortas.

Ele investia contra seus corpos. Suas subjetividades. Queria sexo. Caso "negassem", morte. Caso não fossem dominadas, morte. Para que não o identificassem, morte. Genir sumiu. Apareceu. Seu corpo. Acompanhei pelos jornais sua história. Por algum motivo, seu caso não ganhou uma investigação com um suspeito detido. Com um assassino confesso. Se assim houvesse sido, Letícia estaria sorrindo. Estaria abraçando a filha.

O marido. Os pais. Estaria no trabalho. O que a polícia diz sobre a elucidação do caso Genir só ter acontecido agora — quando há menos uma — quase como cortesia do seu algoz, o matador de Letícia?

Que luta é essa que não tem trégua. Que não tem armistício. Bandeira branca. Batalha ganha. Que guerra perdida é essa. A gente grita. A gente pede. A gente ensina. A gente implora. A gente vai pra rua. A gente empunha cartaz.

A gente não entende. A gente não suporta. A gente não quer. Não pode. Não merece. Viver com tanto medo. Tantas ameaças. Apenas por existir. Não estamos à mercê. Não fomos feitas para ser peça de tabuleiro. Não somos objeto. Não somos patinhos rolando em parque de diversão, esperando ser atingidas para tombar e premiar, com o fim da nossa vida, homens cruéis. Não somos setas pintadas em árvores.

Somos livres.

Tirem suas mãos assassinas do caminho.

Queremos passar.

Do jeito que for.

Porém, vivas.

Nem uma a menos.

DIA DESSES FALO COM A BOCA

Estava em um salão de beleza.

Subia as escadas conversando com um interlocutor sobre a notícia que acabara de receber pelo telefone. Um feminicídio — mais um — no Distrito Federal. Li a manchete em voz alta e disse estar arrepiada. Seguimos falando sobre o assunto até chegar no salão. Quem estava lá enveredou no tema. Referindo-se à Letícia. A mulher que desapareceu e foi encontrada morta no início da semana, também no Distrito Federal. O assassino confesso deu conta de mais vítimas, enquanto sobreviventes iam à delegacia reconhecer o homem que também foi o perpetrador de violência contra elas. Até a última conta que vi, nove.

Os comentários e opiniões eram muitos. Desde quem considerava que a esposa e a filha conheciam os delitos do pai, o algoz, até quem se mostrou muito revoltado com a situação. Como era de se esperar.

Já sentada na cadeira onde seria atendida, veio o golpe na lucidez alheia. Uma mulher interrompeu o assunto anterior para dizer que, ontem à noite, em tal lugar, viu duas meninas se agarrando, se beijando muito. "Sem nenhuma vergonha na cara", dizia. Uma negona; e a outra, branca. Uma negona alta. E a branca. Muito jovens. As duas.

De lá, veio outra opinião: "Elas fazem na cara da gente. Acham que a gente é obrigada a ver isso. Imagina as crianças.

O que elas podem achar. Imagina o que a geração de — e aqui disse um nome, imaginei ser de uma bebê — vai ter que ver lá na frente".

Eu mexi os lábios. Pensei em me meter no assunto. Comentei com o cabeleireiro sobre a vontade de entrar na conversa. Ele disse que hoje estava mais ou menos combinado que havia assuntos que não se misturavam. Que não se questionavam. Porque cada um tem seu jeito de pensar. Deu exemplos de respeito e civilidade. Tolerância religiosa. Não vê um evangélico que pega um panfleto de outra religião na rua, sem dizer nada? Eu não via. Mas vi que ele devia pensar da mesma forma que aquelas clientes. Porque quis apaziguar meus ânimos. Como ademais, já vi outras pessoas tentando fazer com eles, meus ânimos. Eu realmente silenciei. Porque me senti vencida. Em alguns tipos de briga, não entro. Saio em frangalhos. Embora sem um arranhão na parte externa do meu corpo.

Depois vi o texto de Djamila Ribeiro na Folha de São Paulo desta sexta-feira, onde ela pedia o combate ao silêncio. A certos tipos de silêncios. A esses históricos. Que fizeram o mundo ter apenas uma narrativa. E esta ser excludente. Principalmente, de mulheres. E, entre elas, de mulheres negras. Ela diz que se arrepende dos seus silêncios, frase que intitulou o artigo.

Eu, que conquisto a cada texto um tom de voz a mais. Arrependo-me dos meus. Ainda tenho dificuldade em verbalizar. Em pelejar contra preconceitos tão arraigados. Tão bélicos. De aparência tão imexível.

Lembrei-me também do vídeo que vi na internet sobre ódio e matanças serem frutos, primeiro, das palavras. Dos discursos.

De ódio. Ondas sonoras. Transformadas em gestos mortais. Lembrei-me das palavras dirigidas pela cantora Alcione ao presidente da República. "O senhor precisa ter medo do pensamento. O pensamento é uma força". As palavras também são força. Pensamentos postos para fora. São muitas, como gosto sempre de repetir ao citar O Lutador, poema de Drummond. Dia desses, entro em briga. Para falar. Falar também. Com a boca. Usar da mesma arma de quem pensa. Assim.

Quando cheguei em casa, pós-salão, a primeira coisa que vi ao abrir o Instagram foi uma postagem conclamando as meninas a se beijar e se agarrar muito. Na rua. Era da noite anterior. Dia da Visibilidade Lésbica.

Virei fã da negona alta. E da branca.

Deram seu recado.

Foram vistas.

POR QUE A FILA DOS HOMENS ANDA?

Eu estava recém-casada. Talvez grávida. Não lembro. Um amigo estava namorando. Vivendo os bons presságios da paixão. Sua parceira também se mostrava feliz. Mas a relação continha um ar de mistério. Ela tinha um filho e não queria envolver a criança no seu relacionamento, que era tratado como um segredo. Uma rua sem saída que dava até determinado ponto. Eu não compreendia como era possível. Era como esconder um elefante numa piscina rasa. Também não ficava claro como era possível fazer com que dois alvos de bons sentimentos, talvez amor, pudessem ter vidas separadas. Como água e óleo.

O tempo passou. Meu casamento acabou. Minha filha cresceu. Passei eu também à condição de mulher solteira com uma filha. Ou mãe solo. E agora são inúmeros os exemplos de mulheres que escondem sua vida sentimental dos filhos, tal como aquela que estreou minha consciência sobre tal situação. "Estou num romance. Mas a filha não sabe. Não conta nada", me disse uma amiga dia desses. Eu mesma, por vezes, declaro incompatível. Maternidade. Relacionamento afetivo. Adianto-me em dizer a pretendentes: sou uma mãe.

Já desmarquei um encontro, pois, de repente, a filha se pintou toda. Era catapora. O moço disse: "eu já tive catapora". Eu não entendi aquilo como um "tudo bem, podemos conciliar o encontro e a catapora". Nunca mais nos vimos.

Outra vez, estava indo tomar um café ou algo assim com um, até então, amigo. Quando recebi a notícia que a filha já estava voltando de um passeio e que teria que buscá-la naquele momento. Desci do carro do moço. Nunca mais nos vimos.

Outra vez, essa em um encontro marcado com antecedência, muito esperado, era um jantar, o moço perguntou onde estava minha filha para que eu pudesse estar ali. Eu disse que na casa de uma amiga — e que correria tinha sido arranjar aquilo. Nunca mais nos vimos.

Uma vez tive um namorado que acolheu. Aceitou. E fez feliz. A nós duas. Por um tempo. Quando a história acabou, tive que lidar com o meu pesar e com o da pequena.

Concluí que era mesmo incompatível. Maternidade. Relacionamento afetivo. Parei de buscar histórias de amor. Passei a focar no meu tempo. Na minha solidão. Na minha solitude. Tirando as indefectíveis lições. Aprendendo. Fiquei meio ranzinza. Chego a mudar de calçada quando aparece uma flor. Descrente. Dou risada do grande amor.

Mas um belo dia soou o alarme. O que nos faz, mulheres, mães, agir assim? Com uma cobrança tão grande endereçada a nós mesmas. Os homens estavam aí. Dando sua lição. Ensinando como se faz. Como se ama sem medo de filhos. E sem medo de amor. De emendar uma relação na outra. De dizer eu te amo a várias pessoas em um prazo de três dias.

Vamos mirar no exemplo desses homens de tão grande coração? Eles não parecem operar com esse tipo de variável – que ainda não sei nomear, mas desconfio que tenha origem em pressões sociais. Em machismo. Em medo da opinião alheia.

Eles apresentam aos filhos "amigas" e namoradas que se sucedem à velocidade da luz. Abrem o flanco para uma convivência íntima e intensa dessas partes, tão logo conhecem as amigas/namoradas. Não lhes parece passar pela cabeça que pode haver sofrimento. Dano. Por parte dos rebentos. Que deviam ter mais pudor. Ou respeito. Ou paciência. Que deviam pegar leve e ver se aquela história vai dar certo. Para poder torná-la pública ou inseri-la na vida privada. Como as mulheres são levadas a fazer.

Mas o que diz se uma história dá certo? Se for um dia bom, já não deu? Um jantar. Um encontro. Uma semana. Um mês. Uma ilusão. Uma vontade. Um desejo.

Queremos ser santas aos olhos de quem? Passamos também às crias, uma mensagem cruzada de que não há vida afetiva. Amorosa. Sexual. No universo feminino. Apenas seus pais. Os homens. Têm o direito de ter sucessivas amigas/namoradas. Enquanto as mães se desdobram em papéis domésticos que nunca dão conta de todo. Negamos, assim, algo muito nosso.

Em nome de quê?

Eu não tenho a resposta. Mas me sinto impelida a buscá-la. Dizem que perguntar já é um avanço. E não ofende.

LÁ VEM A PELE PRETA

Conversava com um amigo. Ouvia suas narrativas sobre casos de racismo. Em restaurantes da Asa Sul de Brasília. A mesa negada. O pior lugar escolhido, pelo garçom, para dar-lhe assento.

— E eu de terno, Waleska.

— Não adianta a roupa de tecido. A que cobre o seu corpo é preta. Só ela é vista.

Concordamos.

E eu pensei sobre isso quando saí de manhã cedo para ir à comercial da minha quadra. Voltava. Estava descendo a ladeira quando vi uma cena bonita. Uma mulher segurando duas crianças bem pequenas, uma em cada mão. Ao trio, juntou-se uma senhora. Então, lá vão mãe, filhos, avó. Peles muito claras. Assim como os olhos. Muito claros.

Estava quase sorrindo diante da delicadeza quando percebi o assombro. Sutil. É sempre sutil. Tão sutil que pode ficar no espaço da loucura, criação ou *mimimi*, adjetivos com os quais situações como essas são recebidas por alguns interlocutores.

Em um golpe rápido de olhar, a mãe procurou fazer uma varredura em mim. Saber o que carregava nas mãos. Que tipo de arma. Saber o que vestia. De que planeta fome eu viria. Que atitude deveria tomar para salvar-se. E à família.

Eu deparo com esse detector de metal nos olhos e gestos das pessoas todos os dias. Em todas as calçadas. Eu sou escaneada. Julgada. Sempre culpada. As pessoas se defendem como podem. Apressam o passo. Viram a bolsa de lá pra cá. Atravessam. Desviam os olhos. Mostram-se tensas. Querem ser espertas. Antecipar-se ao sinistro. Não ser pegas de surpresa. Seguir recomendações da polícia como dicas de segurança. Olhar 360 graus.

Às vezes, me pego buscando estratégias para transparecer-me inofensiva. Meço meus gestos. Escolho sair de bolsa ou não. Penso no tamanho ideal do acessório para não assustar transeuntes. Evito mochilas. E quando me pego assim, lamento muito. Por mim. Por todas as gentes que passam por isso. E, muito mais, por todas as gentes que fazem as outras passar por isso.

Eu me chacoalho. Eu me mando acordar. Eu quero gritar: "Ei! Eu também tenho medo de você". Eu evito sair de casa. Eu tenho algumas fobias. Algumas sequelas. Algumas paranoias. Por sua causa. EU TENHO MEDO. De você. Lobo do lobo do lobo do homem.

Mas você não me fragiliza. Mais. Não dita meus comportamentos. Nem meus padrões estéticos ou de consumo. Não me imponho elegância para acalmar seu coração de fera. Não uso acessórios para ofuscar sua visão preconceituosa. Não preciso olhar as horas. Meu tempo é hoje. Minha bolsa tem papel. Tem lixo esquecido antes de achar a lixeira mais próxima. Tem pedra e sementes e folhas catadas pela filha. Meias infantis sujas. Chiclete não mascado. Moeda sem valor.

Aliás, falando em valor, ele está nessa roupa que me veste por fora mesmo. Aconselho a se acostumar ao tom. Aos tons. Somos muitos. A maioria. Ainda que eu me pegue buscando estratégias para transparecer-me inofensiva. Ainda que fraqueje. Eu me chacoalho. Eu não me fragilizo. Mais. Lá vem a pele preta subindo a ladeira.

PASSARAM? OU NÃO PASSARÃO?

Quando cheguei ao térreo ouvi os restos/rastros de uma discussão. Uma voz masculina. Uma voz feminina. A última frase: me respeite você.

Passou por mim um senhor com olhos esbugalhados. De raiva. Eu o conhecia de vista. Sabia que era morador do mesmo prédio. Sabia que não respondia a meu bom-dia e que procurava pegar o elevador em que eu não estivesse. Já chegamos a ir juntos. Mas sem acolhida da parte dele.

Percebi, mas não o tanto que deveria – naquelas palavras gritadas havia desvantagem. A voz masculina era mais alta. Era mais cheia de certeza. Ainda perguntei: "ei, o que é isso?". E abafei minha vontade de entrar numa pendenga ainda de razões desconhecidas. Que não era minha. Sobre a qual sabia nada, além de palavras escapadas no elevador. O dia já estava sendo duro demais. Mesmo sem aquilo.

Quando saí, deparei com a dona da voz feminina. Minha vizinha. "Era você?", perguntei. "Se eu soubesse, tinha entrado mais (na pendenga)".

Palavras que me trouxeram culpa depois. Reflexão. Eu não precisava saber. Onde eu ouvir uma voz masculina gritando sobre uma feminina, devo entrar. Deve ser um pacto. Entre todas. Entre todos. Meu com meu sangue. "Que merda", pensei. Ainda não estou pronta. Eu pensava que já estivesse pronta.

Ela já não é mais minha vizinha. Acabava de tirar, talvez, os últimos objetos do apartamento e trancar, também pela última vez, a porta do que havia sido seu porto seguro. Seus pertences estão em guarda-volumes. Uma coisa ou outra na casa de amigos, para onde também estava indo. Uma semana antes de embarcar rumo à pesquisa de doutorado em Angola. Serão sete meses por lá. Viagem que começa no desconhecido. E na sua coragem de chegar tão longe.

Ela havia deixado a porta do prédio aberta, contou-me. O carro que recebia seus objetos estava parado quase na frente. O homem de olhos esbugalhados reclamou para que fechasse a porta do edifício. "Quem haveria de subir atrás dela? Para quem abria o flanco da insegurança? Para um dos seus?", era o que estava implícito. Não. Ela estava de mudança. Havia regras. Ele gritou que ela respeitasse as regras. Racista. Concluiu, sem que precisasse de grandes esforços.

— Comigo ele não tem vez.

Eu exaltei que estivesse de olhos abertos para perceber e responder à altura. No *timing* certo. Mas pensei depois que não devia ser necessário. Estar sempre alerta. Estar sempre aberta. Para receber o ódio alheio. Despudorado.

Não faz muito tempo conheci minha vizinha. Uma semana? Feliz por tê-la. Foi o que eu disse em minha primeira conversa. Mais uma preta na Asa Norte. Morando. Em outros papéis. Resistência. Também pensei depois no teor da conversa. Coisas que já deviam ter passado da condição de assunto. Para a normalidade.

Mas eu ainda estava impregnada com a experiência da outra vez em que morei na quadra. Da vizinha que bateu na minha porta e perguntou o que eu fazia ali. Era para estar na periferia. E citou algumas cidades do Distrito Federal que considerava como adequadas para mim. Chamou-me de puta. Piranha. Negra. Diversas vezes. Como resultado, fui vencida. Saí do prédio.

Fosse hoje, não seria assim. Fosse hoje, fosse hoje. O que tivemos para hoje? Um homem gritando para uma mulher. Um homem insultando uma mulher. Que respeitasse as regras. As regras. Pensemos sobre as regras. As que ele quer ver mantidas. Após 1888. "Em pleno século vinte e um."

A minha vizinha estava de olhos abertos. Alma. Nervos. Em frangalhos. Tremia. Tinha os olhos, além de abertos, marejados. Abracei-a. Um abraço de "estamos juntas" que podia ter outras motivações. De alegria. E não apenas ancoradouro de dores impostas.

Não passarão. Eu disse enquanto seguia meu rumo. Mas temia dizer uma mentira. Temia nunca estar pronta. Temia a certeza de que não só não passam, como estão entre nós.

Não devíamos estar alertas o tempo todo para responder racistas. Na hora H. Isso estava errado. Devíamos usar nossa vitalidade energia força. Para outras agendas.

Respirei. A minha vizinha ia rumo à pesquisa de doutorado em Angola.

Eles não passaram. Ela. Ia voar.

A MENINA, SUPER-HEROÍNA

Quando vi Ágatha pela primeira vez, era cedo da manhã. Sua pele preta. Seus cabelos cacheados. Seu sorriso. Fizeram-me lembrar de mim. Na infância.

Sua roupa de super-heroína pôs em mim um sorriso de canto de lábio que acompanhava um pensamento. A alegria pelas peraltices das crianças. Por suas fantasias. Por sua simplicidade. Subjetividades capazes de fazer de coisas tão desimportantes a nós, adultos, a razão de existir de uma criança. Que valor teria sua vida se não pudesse virar Mulher-Maravilha?

A próxima coisa foi ler o texto que acompanhava e legendava a imagem. Havia curiosidade em saber a razão de figurar no Instagram do meu colega jornalista Marcelo Canellas.

Foi então que não acreditei. Que emudeci. Que reli. Que quis que fosse mentira. Fake News. E, ao descobrir que não, sofri. Chorei. Levei para o dia inteiro essa incredulidade. A dor da inutilidade.

Eu poderia ter escrito sobre ela naquele momento. Mais tarde, toda a imprensa e todas as pessoas fizeram de Ágatha alguém que constava em seus veículos de comunicação, em suas redes sociais.

Quando vi Ágatha pela primeira vez e soube do motivo pelo qual eu a via. Silenciei. Eu pensei na minha filha. Apenas um ano mais velha. O quanto vidas tão curtas são tão longas em amor. Em significado. Em esforços. Em lutas. São enormes mesmo. Infinitas. Eternas.

E já era no lugar da eternidade que figurava aquela vidinha de oito anos. Tão largos. E longos. Para quem cuidava dela.

A contundência de uma arma de fogo — esta, sim, poderosa —, em posse de vilões, transformou a Mulher-Maravilha em cadáver, desfazendo seus movimentos infantis para cruzar-lhes as mãos. Para que nunca mais se colocassem em gesto de prontidão para extirpar o mal do mundo.

O mal paralisou a criança. De pele preta.

Eu não quis falar de Ágatha. E ao ouvir Gilberto Gil soando na emissora de rádio, pensei que ela era como o luar. Do qual não há mais nada a dizer. A não ser que a gente precisa vê-lo.

Como enxergar o luar composto pelas crianças. Negras. Moradoras de comunidade. Amadas. Como ver as que estão na rua. As que acompanham adultos perto dos supermercados e que diferem tanto da minha filha, tendo a mesma idade? Como transformar a dor. As palavras. Em algo que faça diferença?

Eu – não somos todas. A minha filha não está na Kombi. Não está no Complexo do Alemão. Não está no Rio de Janeiro. Ainda que esteja, como todos estamos, na mira de uma política de Estado que resolveu assumir explicitamente o que sempre a moveu como um fio tênue e invisível. A necropolítica. Em que vidas negras não importam. Poucas vidas importam.

Atirem. Atirem. Matem. Matem. E só depois nem perguntem. O movimento das redes sociais já é sabido. Dá e passa. Antes que se esgote, já haverá outro caso contundente. Já haverá mais do mesmo.

Outra criança. Outro segurança. Outra família. Outro engano. Outro pedido de desculpas. Outra tortura. Outro confronto. Imaginário. Outra pele preta tão ameaçadora quanto inofensiva que precisava ser barrada antes de provar-se não letal. E mesmo que fosse.

Outro avô. Outra mãe. Estendendo blusas ensanguentadas. Revendo antigos sorrisos, agora só possíveis em fotos que circulam. Intimidades forjadas pela ausência de quem já não está aqui para contar a história. A história que se deseja embaixo do tapete. Ou de sete palmos.

E veio Gonzaguinha. Guerreiros são meninos. A guerreira Ágatha, agora nossa, não conseguiu fazer muito para dominar o mundo. Livrá-lo dos malfeitores. Poderes parcos. Ausentes. Foi vencida. Derrotada. Assassinada.

À paisana — simples menina. Fazia balé. Falava inglês. Estudava. Estava desarmada. Não entrou em confronto. Seu mundo não comportava tanta realidade. E, na sua fantasia, podia seguir. E sorrir.

Guerreiros são pessoas. Seu sonho é sua vida.

Se você não tem a sua vida, super-heroína Ágatha, não dá pra ser feliz.

Descanse.

SE AINDA FALASSE DE AMOR

Ontem senti o tal Sol em Leão. Fui tomada por ele. Senti-me brilhante. Ensolarada. Leve. Até jubas ao vento eu senti farfalharem no rosto-fera. Aproveitei bem aquela luz. Por saber que meu brilhar é natalino. Pisca-pisca. Que quando é LED dura mais. Fosforescente, queima rápido. Nem bem instalado. Deixa-me no escuro. Lega-me a escuridão. Ontem, me senti iluminada. Mas não fiz alarde. Fogos de artifício sobem estrelam morrem. E não quis parecer rojão. Ontem, toda faísca, me resguardei. Quem brinca com fogo pode se queimar. Eu nem me mexo para que nem eu mesma possa me acidentar. Mantenho silêncio. Guardo o segredo só para mim. Quem mirasse com óculos escuros poderia enxergar. Sigilo. Escondido a sete chaves. Por lampejo tomada, olhei. Admirei tudo o que vi. Com medo de atear fogo com a centelha que saía de mim, fiquei parada. Como quem espera. Relâmpago às avessas. Fagulha atada. Trovão assustando-me. Aquele clarão de ontem. Gosto de sentir. Encandeava-me mundo adentro. Trazendo alento para o inverno interno que acabara de existir. Toda agasalhada de quenturas. Toda despida de fulgor. Tanto azul do céu-Brasília me desanuviou. Respirei profundo. Ar quente. Secura-imensidão. Fui tomada de vazio. Azulado. Anil. Rascante. Baixa umidade. Espero águas. Próxima estação. Ontem, me disse psiu. Não quis gastar minha voz. Porque resplandecência sabe falar.

Ontem, o presságio astrológico me assolou. Fui atropelada. Por rodas sutis de astro incolor. Quem me visse não podia saber. Eu não faço alarde de quando em mim tudo arde. Sem doer. Poderia até falar de amor. Ontem. Senti vontade de você. Revi mensagens. Contei os dias do último encontro. Há tanto tempo. Eu juro. Se ainda aceitasse falar de amor, escreveria para você. Diria coisas doces. E queridas. Palavras amigas. Apagaria todas. Com medo de não acertar. Hoje acordei sem pele. Ressequida. Ressacada. De tanto iluminada com clarão de (me) afoguear. Ainda bem que fui discreta. Não apontei com uma seta o resplendor que pulsava. Em carne amaciada pela falta do seu beijo. Hoje acordei amarga. Brasa toda esfarelada. Em cinza que se abatia. Tive asco. Senti abuso. Fechei portas. Janelas. E levantei os escudos. Nada me abalou. Nenhuma luz clareou. Vivi escura de tudo. Ainda bem. Passou. E a fúria do leão não durou mais que um dia. Foi bom amarelecer. Destruir-me em fagulhas. Purpurinar. Sei quando os astros teimam. Em querer me despertar. Sei adormecer. Ontem falaria em amor. Hoje abraço a dor. Que também eu sei sofrer. Ontem acabou há tempos. Eu afogueei o rebento que de mim se insurgiu. Era todo faiscante. Choveu gota de brilhante. Na alma que me pariu. Hoje sou leão-leoa. Sem juba. Só muito instinto. Pronta para virar bicho. Grudar-me na jugular. Se hoje soubesse amar, seu cangote era meu. Talvez, entrasse no cio. Gozo. Pequena morte. Hoje eu gritaria. Meu dentro o abraçaria. Com o sangue que te cobriu.

A CONQUISTA

Estava ao lado de um amigo enquanto ele escolhia um profissional para prestar serviços à sua empresa.
— Escolhe uma pessoa negra.
— Por que deveria?
— Para diminuir o número de gente preta limpando o chão.
— Isso não é critério para mim.
— Deveria ser.
"Isso". É a cor da pele.

Quando ações afirmativas como as cotas são instituídas, "isso" passa a ser um critério válido. Institucionalizado. E tem evitado que muitas pessoas negras limpem o chão. Tem proporcionado a outras muitas serem as primeiras a ostentar ou apenas ter um diploma de curso superior. Assim, pela primeira vez, algumas estariam rompendo um histórico familiar e ancestral de ocupações em subempregos e funções de baixa remuneração. Levando-se em consideração o momento em que pudemos tentar viver do suor do próprio trabalho. Quando esse suor não servia a outros. Não era misturado a sangue. Dor. Diáspora. Invisibilidade. Sob o nome de "trabalho". Escravo.

Quando meu pai passou longos dias internado em um hospital de Campina Grande, na Paraíba, a única profissional negra que entrou no quarto era a responsável pela limpeza do ambiente.

Houve outra. Uma médica. Minha irmã. Não fazia parte do quadro. Não conta aqui. Nessa conta. Uma conta que não fecha. Uma conta deficitária. Uma conta cruel. Uma conta que exclui. Uma conta que diminui.

Um dia, em São Luís, no Maranhão, ouvi uma história de superação do motorista do aplicativo. Dizia que seu filho fazia faculdade e ainda estagiava. As ocupações tomavam todo o tempo do jovem. Ele reclamava. Mas o pai explicava que valia a pena. Ia se formar.

Mostrou-me a foto do rebento.

— Isso mesmo. A gente que é preto tem que estudar. Tem que se formar. Isso é luta e resistência.

O homem parou de falar. Cortou o assunto. Com aparente irritação. O que senti é que a palavra "preto" o ferira. Era como se ele retrucasse:

— A gente quem, cara pálida? Quem é preto aqui?

E eu gritava. Embora silenciosa, já que o nosso diálogo não foi retomado.

— O senhor. O senhor é. Seu filho também. E quanto mais evitar enxergar essa palavra. Quanto mais engolir as letras. Quanto mais sua cor de pele, nomeada, soar como um palavrão indizível. Quanto mais tentar empurrar essa realidade para debaixo do tapete. Quanto mais esconder o sol com a peneira.

Quanto mais fingir que ocupa um lugar que não o seu.

Mais será engolido. Mais seu filho se afastará do diploma. Mais será alvo de franco-atiradores. Mais será desviado pelas calçadas. Mais será seguido nas lojas. Mais será ignorado. Mais será visto/ utilizado/nomeado/usurpado/ vitimado/assassinado.

Como o preto. Pobre. Que é.

— Ouse gritar-se negro. Para ver. O portal que se abrirá. O quanto o mundo o respeitará. Pelo menos, o mundo que o habita. Saindo dele. Será mais fácil conquistar. Os outros. Os quatro cantos. Todos eles.

Se naquele tempo eu já soubesse falar. Nosso diálogo não teria terminado ali. Minha voz se faria ouvir. Eu o gritaria negro. E ele ergueria o som como um troféu. Enfim. Eu também tive que aprender. A dizer. Sou negra. E ainda tateio no portal. Tão profundo que vira o mundo.

DECLARAÇÃO

Quando eu fechei o livro. Senti prazer. O de tê-lo fechado pela última vez. Separavam-me daquela, outras 516 páginas. Devoradas em pouco menos de uma semana. Deixei-me ficar na cama. No torpor daquela sensação.

Perscrutei o último ano. Sim. Houve mais livros do que eu imaginava. Passei-os em revista. Foram em quantidade maior do que conseguira talvez na última década. Quando colecionei inúmeros volumes inacabados. Denunciados por um marcador em página qualquer. Ou uma anotação interrompida em algum lugar do caminho. Antes de percorrido o trajeto que levaria à linha de chegada.

Não entendo como isso aconteceu. Também não posso fazer nada com o que passou. Posso, sim, recuperar o tempo perdido. E nisso tenho me empenhado. Na verdade, não na busca do que passou. Mas na construção do quero a partir de agora.

Tenho prestado atenção no meu comportamento de leitora. A partir do abrir uma obra e decifrar suas primeiras frases, vislumbrando tudo o que tem pela frente. Isso tem me ajudado a domar a ansiedade. Aliás, descobri que foi por causa dela que parei de ler por tanto tempo.

Era incapacidade. Inabilidade. De aceitar. Percorrer. O passo por passo. Linha por linha. Capítulo por capítulo. Depender do meu próprio ritmo para saber o que vinha depois. Dar tempo ao tempo. Não folhear o calhamaço ainda por ser vencido. Não buscar o final antes da hora.

Entrar em um livro é estar vinculada, presa como em visgo, ao que está contido naquelas páginas. Ainda mistério. A gente quer parar, mas não consegue. Quer esquecer, mas fica pensando. Quer ler mais, mas adormece. É limo. É grude.

Foi assim, fisgada, dependente, que me vi dormindo tarde ou acordando na madrugada. Só para avançar mais um pouco. Foi assim que me vi em lugares variados, da praia à festa.

Livro na bolsa. Disponível para preencher quaisquer intervalos. Em filas. Esperas. Silêncios. Acasos.

Ensina sobre paciência, a leitura. Sobre determinação. Entrega. Um resultado que só depende de cada pessoa. Uma vitória na qual se sobe no pódio o tempo inteiro. Competição sutil. Quase inexistente. Com as palavras. Com o autor. Com as interpretações. Consigo.

Um adentrar em outras vidas. Aprender com elas. Sofrer. Torcer. Amar. Odiar. Por outros olhos. Incorporar, sem perceber, tanto do que não é seu. Até sair da imersão, modificada, renovada. Mesmo sem saber o que se era antes. O que mudou agora. Mas empunhando a certeza da mudança.

Um adentrar em outros chãos. Tocar seus ladrilhos. Buscar suas direções. Conhecer seus cheiros. Reconhecer seus esconderijos. Até sair da imersão modificada, renovada. Mesmo sem saber o que se era antes. O que mudou agora. Mas empunhando a certeza da mudança.

Quando eu fechei o livro, senti prazer. Descobri-me dependente. Declarei-me leitora.

ÓDIO PANDÊMICO

Eu tenho me declarado incompatível com clamores de produtividade. Também não fiz bolo. Não bordei. Não arrumei gavetas. Não participei de cursos gratuitos. Não assisti a maratonas de séries na internet.

Minha receita para manter a sanidade mental, atributo tão propagado por mim como fruto de luta que não cessa, tem sido uma espécie de torpor. De recolhimento. De aversão às notícias e à profusão de informações. Tenho gostado de enviar e receber recados. De ouvir os relatos de pessoas que conheço, e busco, e sou por elas buscada.

Algo miúdo. Restrito. Em linha direta com quem faz parte do meu convívio. Assim, busco também não me perder na virtualidade.

Mas ela ainda me encontra. E de forma reiterada tem chegado na forma de memes e de outras brincadeiras online que remetem ao quanto estar ao lado de parceiras, companheiras, mulheres, esposas, mães e filhas seria insuportável (para os homens) no contexto do isolamento social.

Como para avalizar ou tornar mais palatável o momento, no conhecido espaço do humor da Internet, transformada em geradora anônima de conteúdo, chovem cards, vídeos, montagens e outras peças produzidas para as mais diversas redes sociais. Eles são postos adiante, de forma desavisada, até mesmo pelo mais desconstruído membro dos grupos de WhatsApp que a gente respeita.

Dão conta de maridos oprimidos. De companheiros dilacerados. De depoimentos de homens — negros, não negros, jovens, idosos, brasileiros, estrangeiros — que estão prontos para correr qualquer risco. Para sair da quarentena. Tudo. Qualquer coisa. Menos permanecer ao lado das mulheres com as quais convivem.

Preferem o vírus. Preferem a morte. Dizem querer voltar ao trabalho. Não aguentam ouvir o que elas falam. Não suportam receber ordens. Alardeiam que as mulheres estão sem chão. Sem nada a fazer, a não ser lhes importunar. Sequer podem parecer melhores, já que não podem frequentar os (agora fechados) salões de beleza.

A misoginia em sua expressão mais cruel. De novo.

Não são engraçados os conteúdos. Mostram. Escancaram. Uma contradição. O que querem esses homens ao lado de uma mulher se, diante de um cenário de morte, desespero e quebra de paradigmas, o que lhes vêm à mente como um primeiro recurso de salvação é se afastar dela?

É ali, em casa, onde todos estão convidados a ficar no espaço privado, onde devem reinar os propalados valores da família de bem, que o perigo se mostra outra vez. É de onde sairão os abusos, os espancamentos, a violência e os corpos de vítimas. Não do Covid-19, mas de feminicídios.

Muitos países, incluindo o Brasil, registraram o aumento no número de casos de violência contra a mulher. Precisaram criar estratégias de apoio, denúncia e prevenção em meio às restrições impostas pela pandemia que mudou a forma de relacionamento intra e extramuros. Piorando quadros que já se mostravam pungentes.

Para as mulheres, sobre as quais recai, até na pandemia, ódio travestido de humor. Para elas que, ademais, sempre serviram para escárnio do mundo. Além de alvo de seus crimes. Eu desejo um retorno ao mundo quando o mundo voltar, livres de tudo e todos que as sujeitam.

E se o normal para as mulheres, para as mulheres negras, é o risco, a objetificação, figurar nos piores índices e estatísticas e ser vítima de seu atual ou ex-companheiro, desejo que a reconstrução do mundo e de cada uma delas seja anormal – quando e se as coisas voltarem a ter status de normalidade. Passe pelo fim de todas as formas de opressão. Liberte a todas do ódio pandêmico que há muito as ameaça. E mata. Virulento comportamento patriarcal. Que põe a todas nós em risco. Sem trégua. Desde que o mundo é mundo.

RETRATO FALADO

Olha aqui. Meu corpo não tem Photoshop. Tem marcas. Cicatrizes. Buracos. Calos. Cansaços.

É revestido por pele preta.

Olha aqui. Não sou bibelô. Tenho unha descamada. Sinal de carne. Deficiência de ferro mal curada. Cabelo branco. Mancha branca no queixo – nunca diagnosticada. Mancha preta – comum em melanina acentuada.

Olha aqui – minha barriga já não é chapada. Já foi bola de sopro para suportar a feitura estada chegada – de uma filha vingada.

Olha aqui. Não sou virgem. Talvez apenas mulher abençoada. Tenho uma fenda. Já fui penetrada.

Olha aqui. Estou suada. Escorro água. Salgada. Muco. Sangue. Quando estou menstruada. Gozo. Quando sou. Bem-amada. Bem-comida. Bem-tocada.

Olha aqui. Minha mão treme. Só a direita. A esquerda, resguardada. Coisa de quem escreve. Papel. Caneta. Pouco afiada.

A boca que beija é a mesma que escarra.

Olha aqui. Tenho estrias. Pele esgarçada. Já fui toda inteira. Mas o tempo passa. E a gente fica alquebrada.

Olha aqui. A pele que sustenta os meus peitos ficou pesada. A fartura deles deu lugar a uma versão abreviada. Dei de beber comida a uma humana-bezerra que foi a mim agarrada. Se eu deitar eles vão sumir. Não tenho borracha a mim acoplada.

Olha aqui. Meu nariz já cresceu. A mentira quem diz de mim sou eu. Não que seja Pinóquio. Só alguém que amadureceu. As orelhas, não medi. Mas o furo delas não desceu. Ainda uso uns penduricalhos. Verde que é bom. É meu.

Olha aqui. Tenho pelos nos braços. Mas ao contrário do que diziam as amigas na infância, não sou macaco. Ou talvez seja o parentesco o que me faz pular de galho em galho.

Olha aqui. Tenho pulmão fragilizado. Preciso de ares. Levo as tristezas todas para respirar por dentro. E elas se vingam, deixando-os cansados.

Olha aqui. Tenho olhos apertados. Sangues ancestrais transfundidos transplantados.

Me chame índia. Preta. Negra. Cabocla. Ou tudo misturado. Sou filha de Manoel e Maria. E mais quem esteve antes, abrindo o caminho do passado.

Olha aqui. Para a minha boca. Parcas palavras. Pensamentos desarticulados. Sorriso amarelo. Dentes enferrujados.

Olha aqui. Essa sou eu. Agora. Soma de passado. Futuro. Presente. Outrora.

Não me invente. Não me crie. Não me rabisque. Não me aquarele. Não me apague.

Ajuste o foco. Veja com nitidez. Não sou o que pensas. O que queres. O que crês.

Sou esse rabisco. Que eu mesma desenhei.

Não me reescreva. Não sou fábula. Sou notícia de jornal.

Nua. Crua. Sem versão final.

Olha aqui. Sem projeção. Sem expectativa. Como aprendi com Buda. Você não?

Não preciso do espelho de alguém. Meus reflexos eu mesma estudo. Escuto. Ausculto. Um dia tiro nota cem.

Sou a mulher que sabia javanês.

Olha aqui.

Vês?

Que o Nosso olhar NÃO SE ACOSTUME ÀS AUSÊNCIAS

Uma publicação da Arole Cultural

Acesse o site
www.arolecultural.com.br